Bernd Grützmacher

Mein Haus aus Holz

Bezugsfertig: Einfamilienhaus in Holzrahmenbauweise (Kapitel III)

Bernd Grützmacher

Mein Haus aus Holz

Planung – Konstruktion
Kosten – Eigenleistung

Bechtermünz Verlag

Inhalt

III. Einfamilienhaus in der Holzrahmenbauweise

IV. Holzhaus-Ensemble in Skelett-Bauweise (Holzleimbau)

Anhang

Anregend: »Einblick« in die Holzskelettbauweise (Kapitel IV)

Vorwort

Holzhäuser haben in Europa, insbesondere in Deutschland, eine jahrhundertealte, handwerkliche Tradition, die bis in das Mittelalter zurückreicht; Fachwerkhäuser in individueller Holzarchitektur sind hierfür authentische Beispiele.
Im modernen Holzhausbau überwiegen zwar noch traditionelle Konstruktionselemente und der natürliche Baustoff Holz, die aber in den letzten Jahrzehnten um industriell gefertigte Bau- und Ausbaumaterialien und mechanische Verbindungsmittel ergänzt wurden; sie ermöglichen eine sehr viel individuellere Architektur und ein Maximum an Eigenleistungen.

Um dem an handwerklichen Details interessierten Leser die Entscheidung zu erleichtern, welche Eigenleistungen er sich zutraut, hat sich der Autor bemüht, die einzelnen Bauabläufe so anschaulich wie möglich darzustellen.

Ausgangspunkt dieser »Bauablaufsanalysen« war ein mehrmonatiger praktischer Aufenthalt in den USA und Kanada, wo 85% aller Wohnhäuser aus Holz und Holzwerkstoffen gebaut werden.
Da aber die nordamerikanische Holzbauweise (Timber-Frame-Construction) nicht direkt übertragbar ist, stellt der Autor vier Beispiele von Holzhäusern vor, deren Konstruktionen Variationen der Timber-Frame-Construction sind und die den geltenden, deutschen bauaufsichtlichen Bestimmungen und technischen Regeln entsprechen.
In den ersten beiden Kapiteln (»Vom Ferienhaus zum Einfamilienhaus« und »Das Niedrig-Energie-Haus«) werden Bauabläufe von Holzhäusern beschrieben, die aufgrund werkseitiger Vorfertigung einzelner Wandelemente eine schnelle, zeitsparende Montage vor Ort ermöglichen.
Im dritten Kapitel (»Einfamilienhaus in der Holzrahmenbauweise«) folgt der Bauablauf eines Hauses in der »klassischen« Holzrahmenbauweise, wobei auch auf die Herstellung der Streifenfundamente eingegangen wird.

Die Holzskelettbauweise aus brettschichtverleimten Balken wird im vierten Kapitel (»Holzhaus-Ensemble in Skelettbauweise«) vorgestellt. Dieses Beispiel erinnert an die traditionelle Fachwerkbauweise, zeigt aber auch, wieviel Eigenleistung aufgrund moderner Verbindungsmittel bereits in der Montagephase möglich ist. In diesem Kapitel wird auch detailliert auf die Außenwandverkleidung und den Innenausbau eingegangen.

Bernd Grützmacher, Hamburg

Phantasievoll: Holz bietet eine Vielzahl an Gestaltungsmöglichkeiten. Hier ein Fenstereckelement am Haus in Holzskelettbauweise (Kapitel IV)

I. Vom Ferienhaus zum Einfamilienhaus

Einleitung

Eigentlich war nur ein winterfestes Ferienhaus geplant, das sich der Bauherr schlüsselfertig montieren lassen wollte. Nach Rücksprache mit dem Bauamt erfuhr er jedoch, daß der Neubau statt der geplanten 26° eine Dachneigung von 45° haben müsse. Daraufhin wurden die Bauzeichnungen des Ferienhauses entsprechend ergänzt, so daß aufgrund des zusätzlichen Wohnraums im Dachgeschoß ein Einfamilienhaus mit ca. 120 m^2 Wohnfläche auf dem Zeichentisch entstand (s. Zeichnungen 1, 2 a und b, Abb. 1, 2).
Die damit verbundenen Mehrkosten in Höhe von DM 25 000,– (ohne Dachausbau) ergaben eine Gesamtsumme für Bausatz und Montage von DM 120 000,–. Hinzu kamen Kosten für Vermessung des Grundstücks (DM 7800,–), Fundament (DM 9500,–), Hausanschlüsse (DM 2000,–), Gäste-WC/Dusche (DM 5000,–), Gasheizung (DM 13 000,–) und Treppe (DM 3600,–) sowie Gas- und Wasseranschluß (DM 3700,–), so daß die veranschlagten Kosten (inklusive Küche und Bad) DM 170 000,– nicht überschritten wurden. Nicht enthalten sind in Eigenleistung ausgeführte Arbeiten wie Bauleitung, Fundamentausführung, diverse Estriche, alle Fliesen-, Maler- und Tapezierarbeiten. Daß erheblich mehr Eigenleistungen für handwerklich geschickte Bauherren möglich sind, soll die folgende Bauablauf-Dokumentation aufzeigen. Doch zuvor einige Hinweise auf die Bauart und Konstruktion dieses Einfamilienhauses.

Bauart und Konstruktion

Dieser Holzhaus-Bautyp ist der deutschen *Holzrahmenbauweise* (siehe Kapitel III) zuzuordnen, die dem historischen Fachwerkbau entlehnt ist, aber mit holzsparenden Detailkonstruktionen der nordamerikanischen Leichtbauweise *(Timber-Frame-Construction)* kombiniert wurde.
Ergänzt wird diese Bauweise durch Konstruktionselemente

1 Ferienhaus

aus dem *Holz-Skelettbau* (siehe Kapitel IV), wo überwiegend brettschichtverleimte, sehr tragfähige Balken, sogenannte Leimbinder, eingesetzt werden. In diesem Haus wurden Leimbinder als rähm- und deckenbalkentragende Balken eingesetzt.
Ein typisches Merkmal dieses »nordischen« Holzhauses sind die beidseitig mit Holz verschalten Innen- und Außenwände, wobei letztere als vorgefertigte Wandelemente angeliefert und montiert wurden. Die für Holzhäuser typische Ständerkonstruktion wurde mit einer Lage Bitumenpappe und mit sägerauhen, einfach gefalzten (Haspelfalz) und kesseldruckimprägnierten Brettern verkleidet, also ohne Hinterlüftung ausgeführt.
Außenwände und Decke wurden mit 150 mm dicker Mineralwolle isoliert; im Fußboden genügten 100 mm Dämmung. Die Innenwände wurden bauseitig aus Dachlatten (4,5 × 4,5 cm) konstruiert; ein eher dürftiges Format, weshalb 4 × 6 cm, 6 × 8 cm oder sogar größere Querformate zu empfehlen sind.

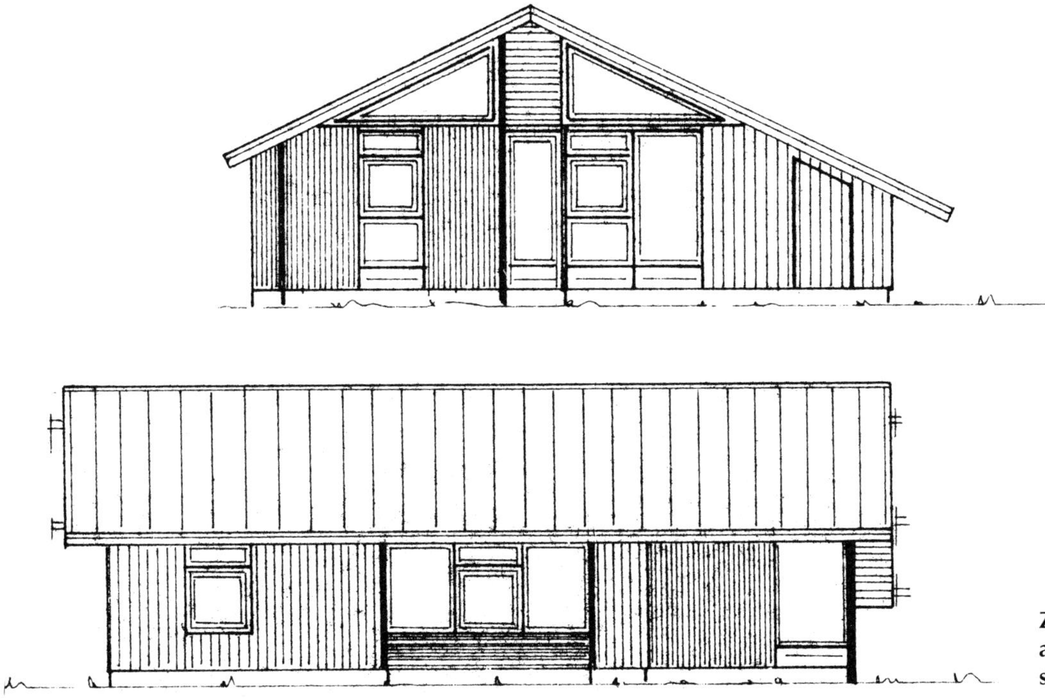

Zeichnung 1: Ferienhaus, Südansicht (oben) und Westansicht (unten) (Maßstab 1:100)

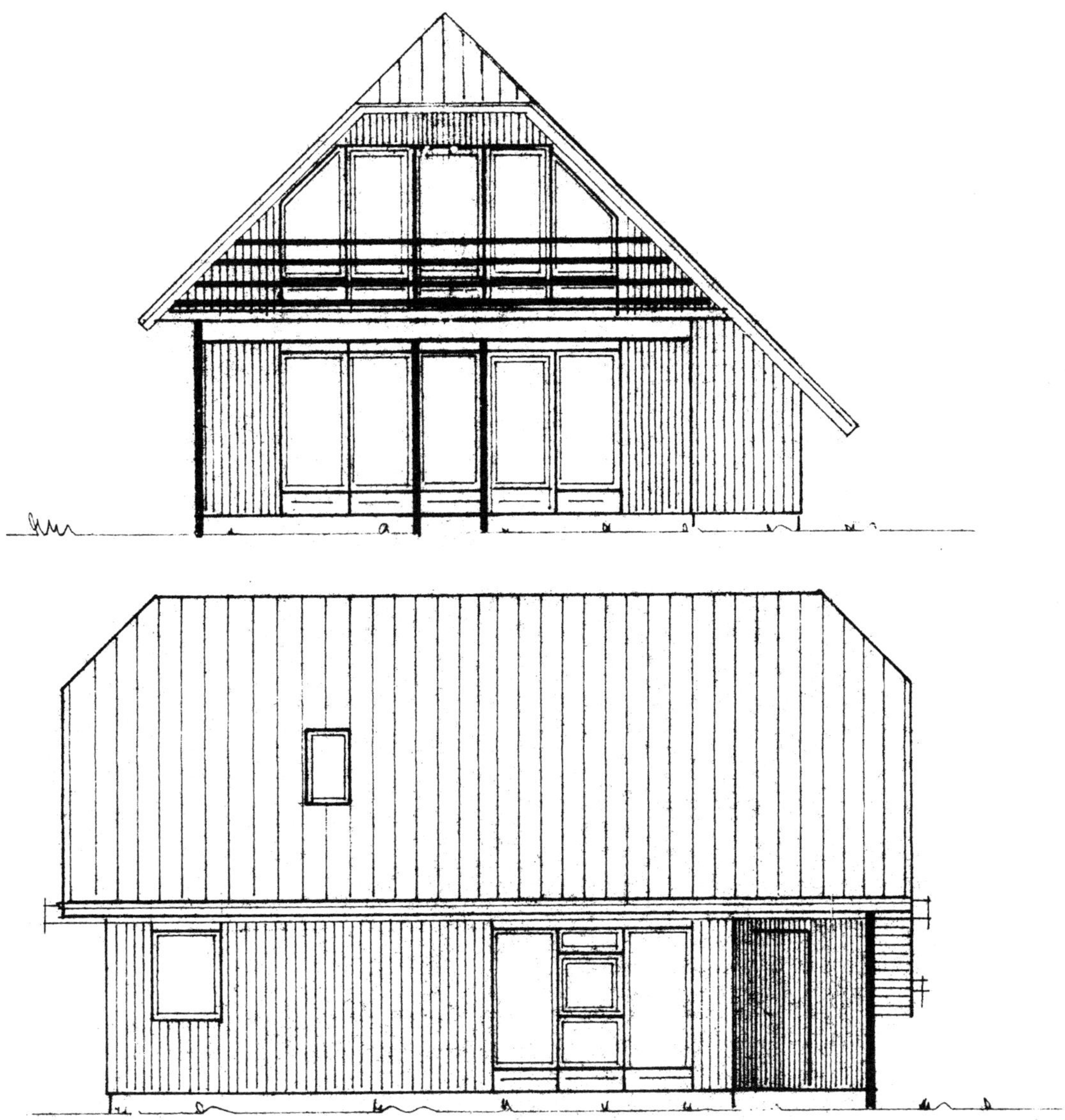

Zeichnung 2 a: Einfamilienhaus, Südostansicht (oben) und Südwestansicht (unten) (Maßstab 1:100)

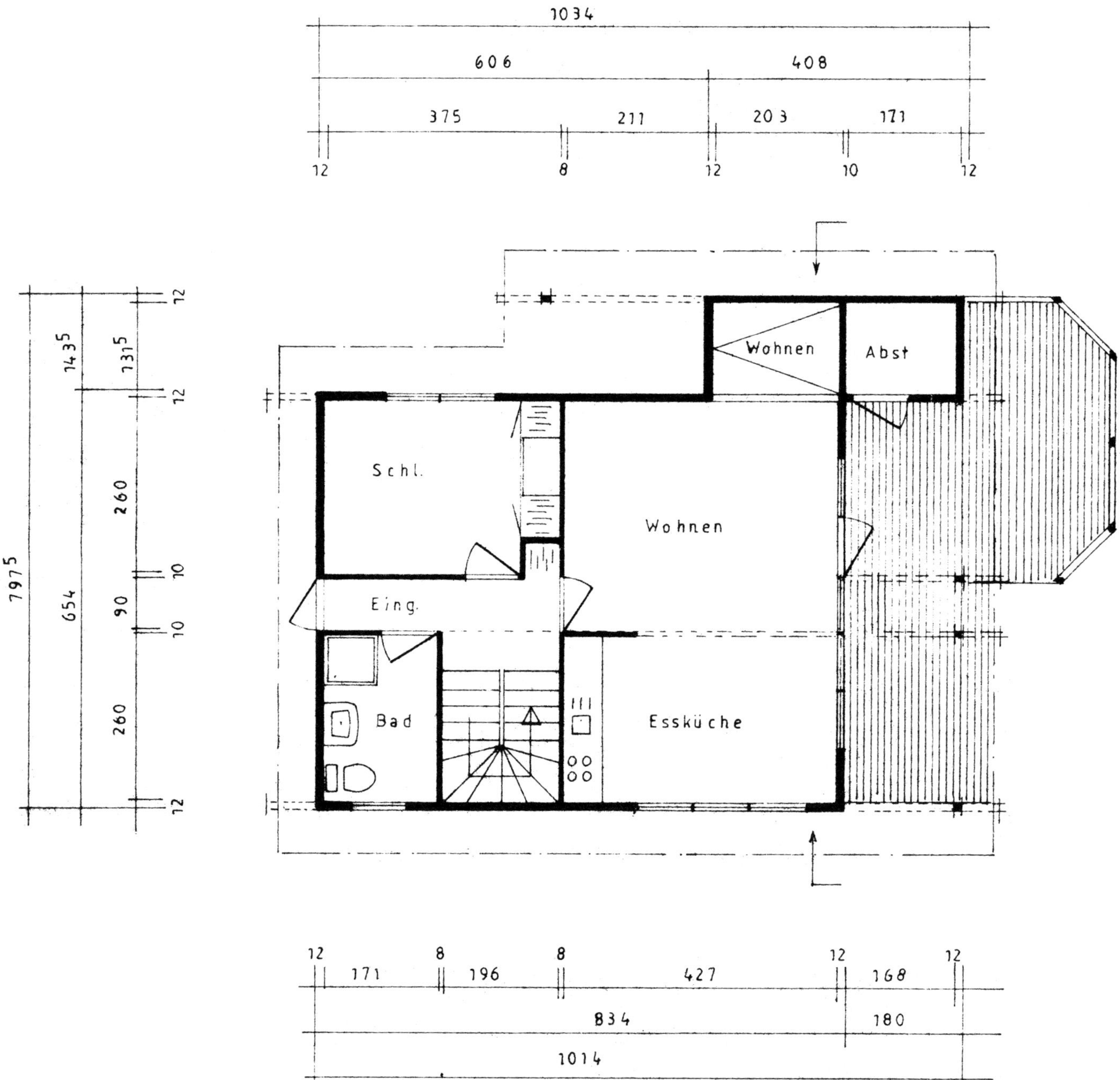

Zeichnung 2b: Einfamilienhaus, Grundriß Erdgeschoß (Maßstab 1:100)

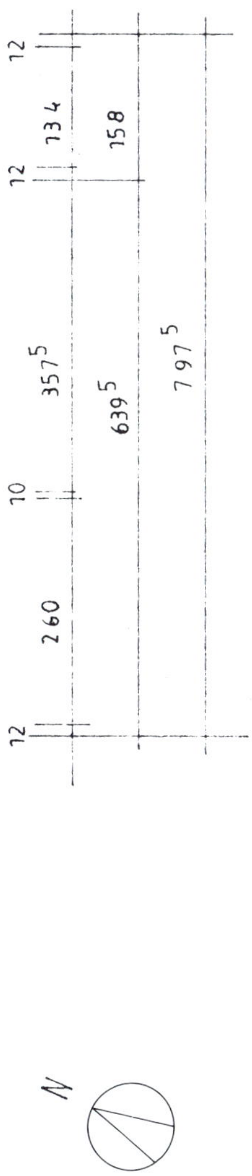

2 Aus dem Ferienhaus erweitertes Einfamilienhaus

Montageerleichterung durch Vorfertigung

Da es sich bei diesem Wohnhaus nicht um ein typisches Fertighaus in Tafelbauart handelt, dessen vormontierte Wandteile mit einem Kran bewegt werden müssen, sprechen wir eher von einem »Fertigteilehaus«, bei dem die Bauteile von *zwei* Personen (!) bewegt und montiert werden können. Alle Außenwandelemente, einschließlich der Fenster- und Balkonelemente, sind maßgenau in einzelne, tragbare Bauteile vorgefertigt. Das gilt auch für die exakt zugeschnittenen Dachsparren (Nagelplattenbinder), Fußbodenlagerhölzer und Deckenbalken. Aufgrund dieses hohen Vorfertigungsgrades reduziert sich die Bauzeit (ohne Fundament) auf *drei* Wochen.

Fundament

Wer sich für ein Holzhaus entschieden hat, muß davon ausgehen, daß die Hersteller oder Zimmereibetriebe ein fertiges Fundament voraussetzen, das von einer Baufirma oder in Eigenleistung zu erstellen ist.[1]
Für nichtunterkellerte Holzhäuser bieten sich hierfür Streifenfundamente oder Fundamentplatten an. Dabei sollte die Sockel- bzw. Fundamenthöhe »über Gelände« mindestens 30 cm betragen, um den notwendigen Spritzwasserschutz für die darauf beginnende Holzkonstruktion zu gewährleisten.
In diesem Beispiel wurde ein Streifenfundament gemauert, dessen Sockeloberkante dieser Anforderung entsprach, wobei die innere Sohlplatte auf Geländehöhe geschüttet wurde. Diese Fundamentkonstruktion hat den Vorteil, daß die Lagerhölzer für den Fußboden, die auf den Streifenfundamenten aufliegen, von unten belüftet werden, weshalb entsprechende Lüftungsschlitze vorgesehen wurden.
Zu dem *Fundamentplan* (vgl. Zeichnung 3) gehört ein *Entwässerungsplan*, damit die Abwasserleitungen – die normalerweise vor der Fundamentfertigung verlegt werden – im Streifenfundament entsprechend berücksichtigt werden.

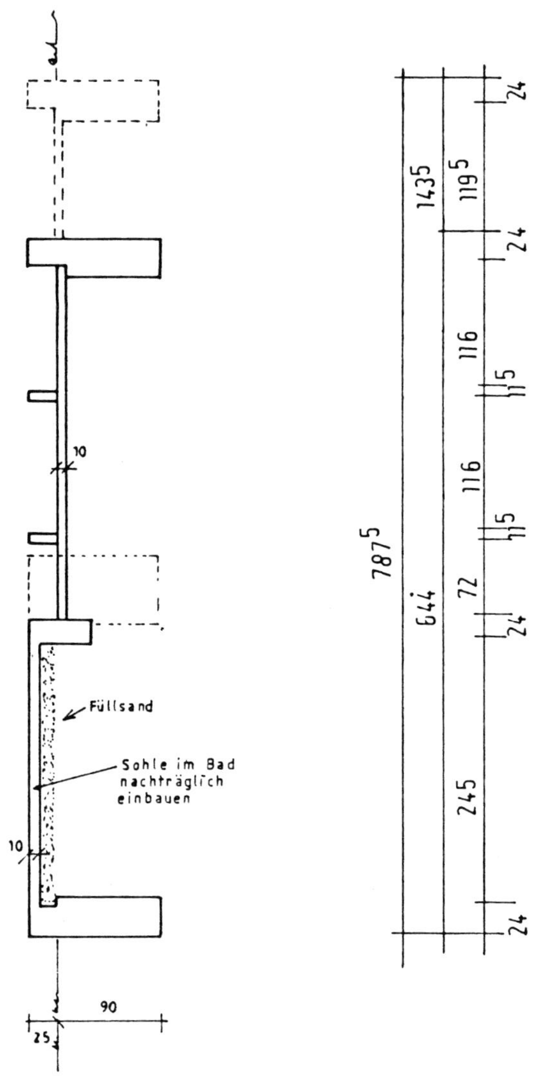

[1] Siehe hierzu: »Fundament« in: Bernd Grützmacher »Holzhäuser selber bauen und montieren«, München 1993, S. 9 ff.

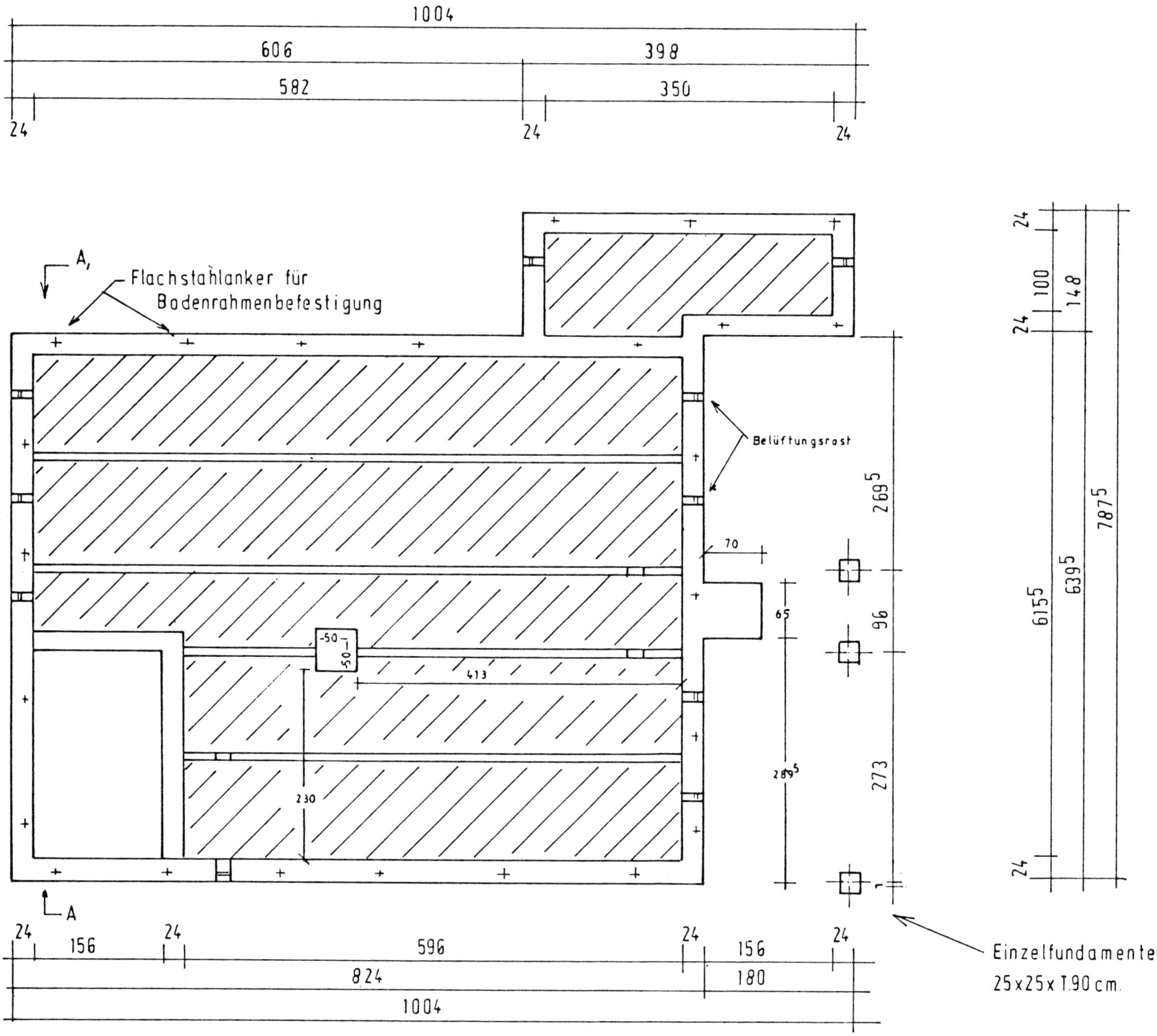

Zeichnung 3: Fundamentplan

3 **Auslegen der Rahmenhölzer auf Bitumenpappstreifen (Feuchtigkeitssperre)**

4 **Maßgenaues Ablängen mit dem Fuchsschwanz**

5 **Abnageln der Randbalken**

Bevor auf den praktischen Bau- und Montageablauf eingegangen wird, soll das Konstruktionsschema am Beispiel eines nordamerikanischen Holzhauses kurz skizziert werden, um dem Leser dieses Holzbauprinzip zu verdeutlichen (vgl. Zeichnung 4).
Die Konstruktion dieser Bauart ist aufgrund des extrem hohen Vorfertigungsgrades nicht nur handwerklich nachvollziehbar, sondern auch mit zwei bis drei Handwerkern auszuführen.
Da das hier beschriebene Haus diesem Bau- und Montageprinzip sehr ähnelt, beginnen wir mit den ersten Holzbauarbeiten: Der Balkenlage im Erdgeschoß.

Schwellenrahmen und Lagerhölzer auslegen

Im Holzhausbau ist es üblich, vor Montagebeginn das Fundament nachzunivellieren, um eventuell bestehende Höhenunterschiede festzustellen, die vor Befestigung der Schwellen mit druckfesten Plättchen ausgeglichen werden. Ist aber das Fundament, in diesem Beispiel das Streifenfundament, exakt nach der Höhe des eingemessenen Schnurgerüstes gemauert worden, können die Balken ausgelegt und mit den eingemauerten Fundamentankern verbunden werden.
Grundlage hierfür ist der *Schwellen- und Lagerhölzer-Plan* (s. Abb. 9), dem alle Längen- und Abstandsmaße zu entnehmen sind.
Die äußeren Randbalken müssen – in Verbindung mit den inneren Lagerhölzern – *winkelgenau* ausgelegt und befestigt werden, weil damit der Grundriß des Hauses unveränderbar festgelegt wird. Nach dem Auslegen der Rahmenhölzer werden diese maßgenau abgelängt (s. Abb. 3, 4). In dieser Bauphase sind die Randbalken nur in den Eckpunkten, also noch nicht mit den Fundamentankern, miteinander verbunden, so daß nun die werkseitig genau zugeschnittenen Lagerhölzer ausgelegt und mit den Randbalken abgenagelt werden können (s. Abb. 5, 6).
Wie in den Abbildungen 7 und 8 zu erkennen ist, liegen die Lagerhölzer auf den Streifenfundamenten auf und stoßen gegen die Randbalken.

6 Auf den Streifenfundamenten ausgelegte Rahmenhölzer/ Randbalken

7 und 8 Auslegen der Lagerhölzer

Zeichnung 4:
Bau- und Montageablaufschema eines nordamerikanischen Holzhauses (ohne Leimbinder) (Quelle: Die handliche Holzrahmenbauweise in System und Detail. Sonderdruck aus: Bauen mit Holz, Bruderverlag Karlsruhe 1980)

1 Streifenfundament
2 Schwellenrahmen mit Lagerhölzern und Fußbodenplatten
3 Innen- und Außenwandkonstruktion
4 Deckenbalkenlage
5 Dachstuhl

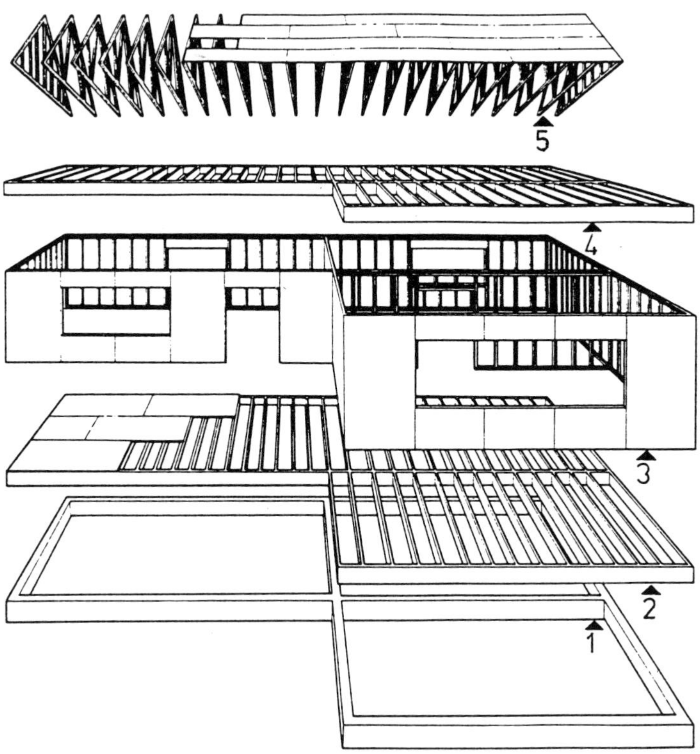

Sollten zwischen Lagerholz und Randbalken geringfügige Höhenunterschiede sein, wird auf jeden Fall oberflächenbündig abgenagelt und die Höhendifferenz mit Bitumenpappe oder Hartfaserplättchen ausgeglichen.
Bevor die Randbalken, also der äußere Rahmen des künftigen Wohnhauses, mit den Fundamentankern endgültig verbunden werden, ist die Rechtwinkligkeit der Balkenlage zu prüfen. Und da in einem Quadrat oder Rechteck die Diagonalen immer gleich lang sein müssen, ist diese Überprüfung mit einem Bandmaß vorzunehmen (s. Abb. 10).
Eventuell notwendige Korrekturen (mit einem Nageleisen oder 5-kg-Hammer) so lange vornehmen, bis die sich überkreuzenden Diagonalen gleich lang sind. Erst dann können die Randbalken mit den Fundamentankern verbunden werden. Um bei diesem Arbeitsgang ein Verschieben der Randbalken »kontrollierend« zu vermeiden, sollte eine Fluchtschnur von Ecke zu Ecke gespannt werden.
Bevor die Außenwandmontage beginnt, werden die Randbalken von außen mit einem kesseldruckimprägnierten Brett versehen, das oben mit der Schwelle (dem Randbalken) bündig abgenagelt wird und unten die Fuge zwischen Balken und Fundament regensicher überlappend abdeckt (s. Abb. 11); ein äußerst wichtiges Detail, um die Randbalken gegen Witterungseinflüsse (Nässe) dauerhaft zu schützen.
Da aber auch die Oberkante des Kantenbretts gegen Nässe geschützt werden muß, sind die Außenwandelemente, insbesondere die Deckelschalung, schwellenüberlappend zu montieren, wie aus Zeichnung 5 und anschließenden Detailaufnahmen deutlich wird.

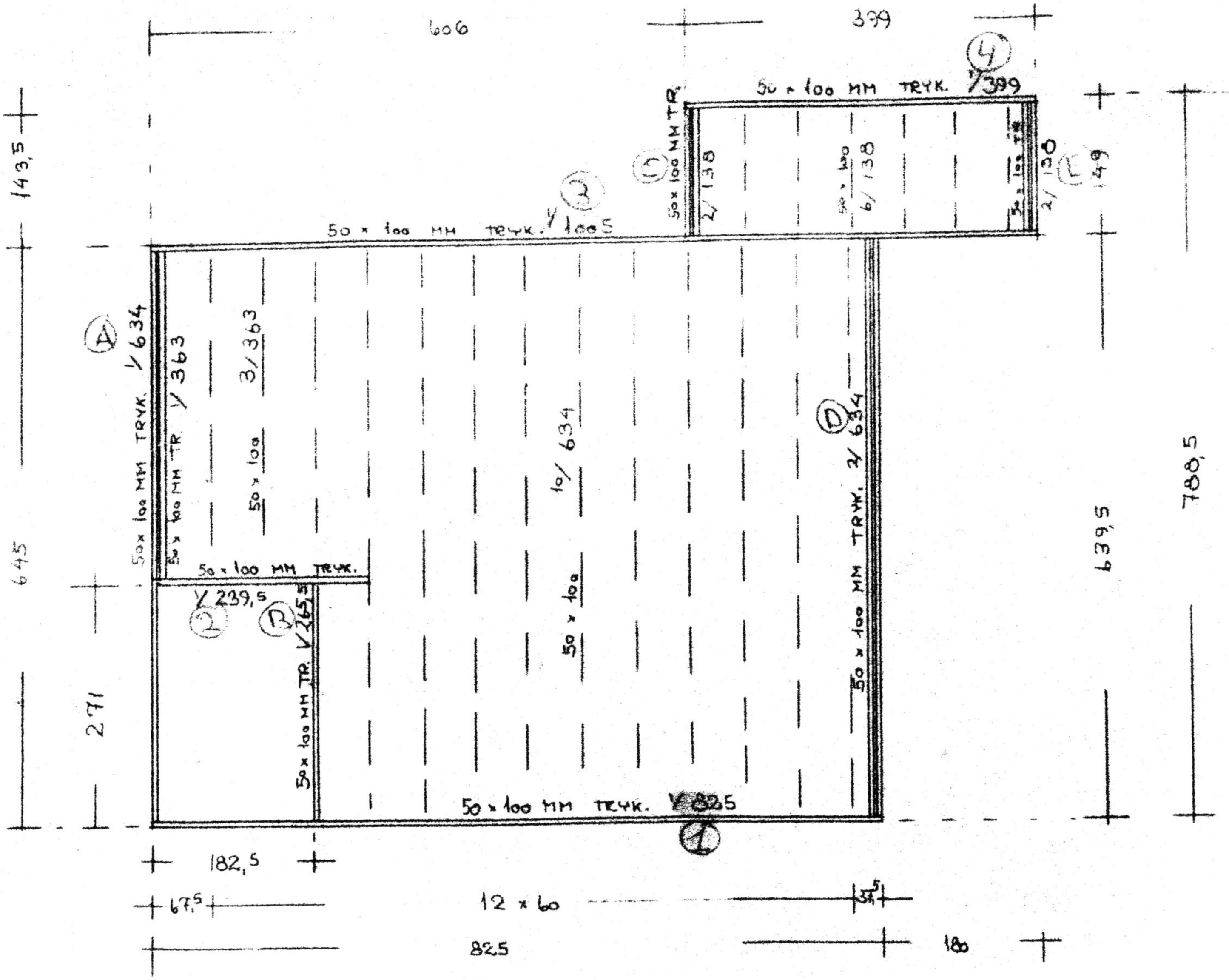

9 Schwellen- und Lagerhölzerplan

10 **Diagonalmessung mit dem Bandmaß**

11 **Randbalken-Eckverbindung mit fugendeckendem Kantenbrett**

Außenwandelemente aufstellen

Die vorgefertigten und für die Montage numerierten, 90 cm breiten Wandelemente werden nach der Grundrißzeichnung montiert, senkrecht gestellt und mit einer Dachlatte lotrecht gehalten (s. Abb. 12).
Die Montage der Wandelemente wird erheblich vereinfacht, weil die Außenverkleidung die Schwelle um ca. 3 cm überlappt, so daß das Element nur auf den Randbalken gesetzt und gegen das randbalkenschützende Kantenbrett gedrückt werden muß (s. Abb. 13).
Gegen das befestigte Element werden nun die nächsten Wandteile bündig gesetzt, eingelotet und seitlich mit dem jeweils vorhergehenden Wandelement und unten mit der Schwelle befestigt (s. Abb. 14).
Die äußere Stülpschalung wurde werkseitig so angebracht, daß sich Anfangs- und Endbrett der einzelnen Elemente nach der Montage maßgenau überlappen, so daß eine durchgehende Wandfläche entsteht; auch dieses Detail erleichtert die Montage.

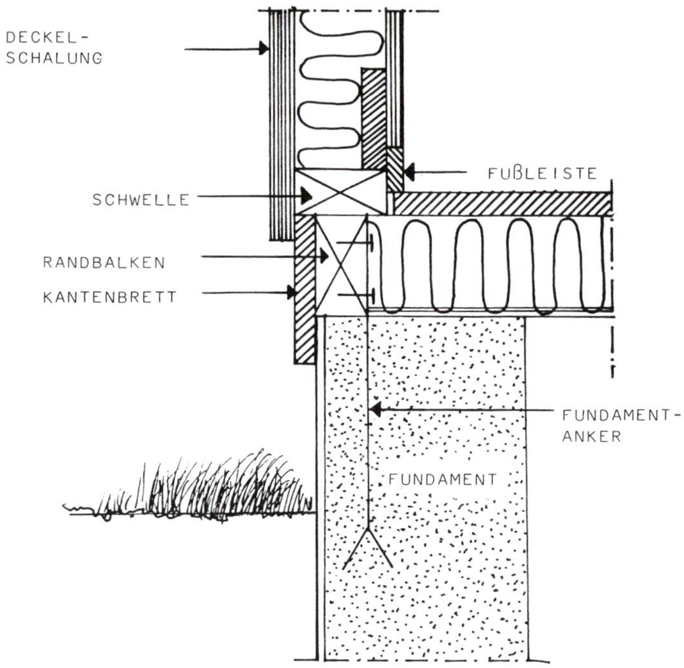

Zeichnung 5: Detailkonstruktionszeichnung: Fundament, Randbalken mit Kantenbrett; darüber Außenwandschwelle mit überlappender Außenwandschalung

13 Abgenageltes Wandelement, auf Randbalken und Kantenbrett aufliegend

12 Mit einer Dachlatte lotrecht gesichertes Wandelement

14 Aufsetzen des dritten Wandelements

16 »Wassernase« unterhalb der Zarge (Terrassentür)

15 Einbau eines Türenelements

Türen und Fensterelemente werden seitlich mit dem Rahmenholz des Wandelements (Ständer) und unten mit dem Kantenbrett bündig gesetzt und festgenagelt (s. Abb. 15).
Die Fuge zwischen Türzarge und Kantenbrett wird später mit einem Abtropfblech und darunter befestigter Leiste gegen Regen- und Spritzwasser geschützt (s. Abb. 16). Die Fuge zwischen Blech und Zarge wird mit einer dauerelastischen und UV-beständigen Fugenmasse versiegelt.
In den folgenden Abbildungen (17–21) wird nochmals deutlich, mit welch geringem Arbeitsaufwand ein Haus dieser Größenordnung zu montieren ist.

19 Fensterelemente, mit eingeschobener Federleiste versehen, vor dem Abnageln mit der Zwinge zusammendrücken

17 Eckelement mit Badezimmerfenster; das Fenster wurde von innen auf den Riegel gegen die vorspringende Außenschalung gesetzt und befestigt

18 Komplettierte Westwand mit dreiteiligem Fensterelement; die einzelnen Fensterelemente wurden einzeln abgenagelt und durch eine Federleiste vertikal stabilisiert

Ringbalken montieren

Um die einzelnen Wandelemente oben umlaufend zu stabilisieren und den Dachstuhl abzufangen, sind in Längsrichtung des Holzhauses Ringbalken aus brettschichtverleimtem Holz (Leimbinder) mit den Außenwänden zu verbinden (s. Abb. 22, 23).
Zum Abfangen der Deckenbalken, die aus Nagelbrettbindern hergestellt wurden, mußten sogenannte Horizontalträger (Leimbinder) montiert werden, die durch Leimholzständer stabilisiert wurden (s. Abb. 24). Für die Ständer im Terrassenbereich waren hierfür Punktfundamente erforderlich (siehe Fundamentplan auf Seite 13).
Im Inneren mußten die Horizontalbalken zunächst provisorisch mit Kanthölzern abgefangen und mit Dachlatten lotrecht gehalten werden (s. Abb. 25).

20 Komplettierung der Ostwand

21 Südwand mit Tür- und Fensterelement

22 Ringbalken gegen die äußere Stülpschalung bündig setzen und mit 120-mm-Nägeln mit den Rähmbalken der Wandelemente verbinden

23 Auf den Außenwänden aufliegende und befestigte Ringbalken

Deckenbalken und Fußpfetten für das Sparrendach montieren

Die Balkenlage aus 45 × 220 mm Nagelplattenbindern ist Geschoßdecke und Sparrenträger zugleich und wird auf den Ring- und Horizontalträger-Balken in einem Abstand von 45 cm im ersten Arbeitsgang mit Nägeln befestigt (s. Abb. 26, 27).
Wie aus Abbildung 27 hervorgeht, ist jeder einzelne Nagelbrettbinder exakt nach dem vorher eingezeichneten Riß zu befestigen. Sobald alle *Deckenbalken* nach dem Deckenbalkenplan mit Nägeln standgenau befestigt sind, können die sparrentragenden Fußpfetten ausgelegt und befestigt werden (s. Abb. 28).
Auch hier wurde die Montage durch ein interessantes Detail erheblich erleichtert: Das in der Abbildung 27 mit einer Nagelplatte aufgesetzte Brettstück ist Anschlagpunkt für die beidseitig zu verlegenden Fußpfetten.
Da für das Abnageln der Pfetten nur eine Arbeitskraft notwendig war, konnten parallel dazu bereits die Vorbereitungen für die Sparrenmontage beginnen.

24 Abfangen der Ringbalken und Horizontalträger im Außenbereich (Terrasse)

26 Auslegen der Nagelplattenbinder

25 Provisorisches Abfangen der Horizontalträger

27 Maßgenaues Abnageln der Deckenbalken

28 Auslegen der Fußpfetten

Richten des Sparrengebindes

Im ersten Arbeitsgang werden die ersten Sparrenpaare auf den Deckenbalken ausgelegt und im Firstpunkt mit einer Lochplatte und Rillennägeln zu einem *Sparrengebinde* verbunden (s. Abb. 29).
Normalerweise sind Sparren dort ausgeklinkt – der Zimmermann nennt diese Ausklinkung *Kerbe* –, wo sie auf dem Rähm oder der Fußpfette aufliegen. Bei diesem Dach waren die Sparrenfußpunkte aber werkseitig so konstruiert, daß sie direkt auf den Deckenbalken und den Pfetten aufzuliegen hatten (s. Abb. 32), was das Richten der einzelnen Sparrenpaare erheblich erleichtert.
Beim Richten kann mit dem ersten Sparrengebinde am Giebel begonnen werden, das mit Wasserwaage oder Senkblei (Lot) lotrecht gesetzt und mit Dachlatten »abgeschwertet« wird, nachdem jeder Sparren am Fußpunkt angenagelt wurde (s. Abb. 30–32). Da in unserem Beispiel ein Krüppelwalm vorgesehen war, konnte man erst mit dem zweiten Sparrenpaar beginnen.
Trotz dieser Montageerleichterung müssen alle Sparrenpaare lotrecht gerichtet werden, wobei von einem senkrechten Paar auszugehen ist, an dem in Kopfhöhe eine Dachlatte quer gestiftet wird, auf der die Sparrenabstände angerissen sind. An diese Risse werden die folgenden Sparrenpaare herangeführt und provisorisch befestigt (s. Abb. 33).
Da die Sparren bis zu diesem Zeitpunkt nur mit Nägeln am Fußpunkt befestigt waren, mußten zusätzliche Verbindungsmittel angebracht werden, um künftige Dachlasten abfangen und auf

29 Paarweise ausgelegte Sparren mit Lochplatte und Rillennägeln im First verbinden

30 Richten des ersten Sparrenpaares

31 **Sparren auf dem Deckenbalken aufliegend abnageln**

die Außenwände übertragen zu können. Hierfür wurden Winkelverbinder und Lochbänder (Windrispenband) verwendet (s. Abb. 34).

Im oberen Drittel des Dachstuhls konnten nun die sparrenverbindenden Kehl- bzw. Hahnenbalken befestigt werden. Um diese Kehlbalken in gleicher Höhe von den Deckenbalken (hier: 244 cm) anbringen zu können, wird das Höhenmaß am ersten und letzten Sparren markiert und mit einer straff gezogenen Maurerschnur verbunden. Nach dieser Fluchtschnur lassen sich alle Kehlbalken höhengleich ausrichten und abnageln (s. Abb. 36).

Da die Sparren bis zu diesem Zeitpunkt nur durch provisorisch angenagelte Latten lotrecht gehalten werden, ist es notwendig, sie durch ein diagonal gespanntes Windrispenband endgültig zu stabilisieren (s. Abb. 37), wobei einige Hilfslatten bis zur Dachlattung befestigt bleiben müssen.

32 **Sparrenfuß(-Konstruktion), auf Deckenbalken und Pfetten aufliegend befestigt**

35 Gerichteter Dachstuhl mit Krüppelwalm

33 Abgeschwertete und mit der »Riß-Latte« verbundene Sparrenpaare

36 Kehlbalken nach Fluchtschnur am Sparren befestigen

37 Windrispenband diagonal über die Sparren auslegen, spannen und an jedem Sparren mit Rillennägeln befestigen

34 Verankerung des Sparrenfußes mit Winkelverbinder und Lochband (vgl. mit Abb. 32)

40 Richtschnur zur Befestigung der Abstandsleisten und der zweiten Dachlatte

38 Einfluchten des Befestigungspunktes der untersten Dachlatte

39 Verlegen der feuchtigkeitsabweisenden Unterdachplatte

Unterdach und Dachlattung

Bevor mit der Lattung begonnen wird, sollte Gewißheit darüber bestehen, daß alle Sparren lotrecht (mit Hilfe des Windrispenbandes und verbliebener Hilfslatten) stehen; besondere Aufmerksamkeit ist hierbei auf die Giebelsparren zu legen. Falls dies nicht mit aller Sorgfalt geschieht, tritt das ein, was professionelle Dachdecker nur noch bedauernd zur Kenntnis nehmen können: Die Dachfläche ist nicht »im Winkel«, so daß Dachziegel am Ortgang (an der Giebelkante) von Hand nachgeschnitten werden müssen. Das ist arbeitsaufwendig und stört die gewünschte Optik eines Ziegeldaches erheblich.

Erst nach dieser Überprüfung, die durch eine Winkelmessung ergänzt werden kann, wird mit der Lattung begonnen. An diesem Haus wurde die erste Dachlatte hochkant am Sparren derart befestigt, daß ihre äußere Kante nicht über die senkrechte Flucht des Deckenbalkens hinausragte (s. Abb. 38); so konnte die später zu befestigende Traufenblende problemlos angenagelt werden. Um diese Flucht einzuhalten, wurde ein gerades Lattenstück gegen die Stirnseite des Deckenbalkens gehalten, um den Befestigungspunkt für die erste Latte genau festlegen zu können.
Da dieses Dach unterhalb der trocken zu verlegenden Dachziegel nicht mit einer Unterspannbahn, sondern mit Unterdachplatten gegen von außen einwirkende Feuchtigkeit

geschützt werden sollte, wobei eindringende Nässe über die erste Latte in die Regenrinne abzuführen war, wurde die erste Reihe dieser Platten mit einem Überstand von ca. 7 cm auf der Dachlatte mit Dachpappnägeln befestigt (s. Abb. 39). Beim Verlegen dieser bituminierten Hartfaserplatten (Format 3,5 × 1260 × 1850 mm) ist darauf zu achten, daß sie gegen die Hauptwindrichtung überlappend verlegt werden, damit durch Winddruck unter die Dachziegel gedrückte Feuchtigkeit über die Überlappung geführt wird. Da diese »lose« Überlappung keine optimale Winddichtigkeit garantiert, die für ein Dach notwendig ist, sind die Platten derart zu verlegen, daß die Überlappung immer oberhalb eines Sparrens erfolgt, damit sie durch die Konterlattung winddicht zusammengepreßt werden.

Die Konterlattung, auf der die Dachlatten aufliegend mit dem Sparren verbunden werden, sorgt für eine Hinterlüftung der Dachziegel. In diesem Beispiel begann diese Konterlattung (auch Abstandsleiste genannt) in Höhe der zweiten Dachlatte, weshalb vorher eine Fluchtschnur zu spannen war, um den unteren Befestigungspunkt festlegen zu können (s. Abb. 40, 41).

41 Erste Dachlatte hochkant auf dem Sparren (unter der Unterdachplatte) und zweite Dachlatte flach auf der Abstandsleiste aufliegend (mit Fluchtschnur)

42 **Dachlattenabstand mit einer Schablone fixieren und Latten abnageln**

Der Lattenabstand errechnet sich aus der Dachziegel-Länge und der Mindestüberdeckung. In den *Fachregeln des Dachdeckerhandwerks* wird für Dächer mit einer Dachneigung über 35° eine Mindestüberdeckung von 8 cm empfohlen (Richtwert). Wird, wie in diesem Beispiel, eine Dachpfanne von 40 cm Länge für ein Dach mit einer Neigung von 45° verwendet, ergibt sich daraus ein Lattenabstand von 32 cm (Dachziegel-Länge – Mindestüberdeckung = maximaler Lattenabstand).
Dieses Maß gilt aber erst ab der zweiten Dachlatte, da diese Latte in einem kürzeren Abstand zur ersten Dachlatte zu befestigen ist, damit die erste Dachziegelreihe genügend Überstand hat, um Regenwasser in die darunterliegende Regenrinne abführen zu können. Dieser Überstand kann 5–6 cm betragen, so daß die zweite Dachlatte in einem Abstand von ca. 26–27 cm zur ersten Dachlatte zu befestigen ist.
Ab der zweiten Dachlatte ist zu prüfen, ob der errechnete Lattenabstand von 32 cm bis zum Firstscheitelpunkt eingehalten werden kann. Deshalb mißt man die Distanz zwischen Oberkante zweiter Latte und Firstscheitel (abzüglich 3 oder 4 cm),[2] dividiert dieses Maß durch 32 (Lattenabstand) und erhält die Anzahl der Dachlatten: in der Regel eine ungerade Zahl, wie folgendes Beispiel verdeutlicht:

Distanzlänge Oberkante zweite Latte bis Oberkante Firstlatte	490 cm
Maximaler Lattenabstand	32 cm
Anzahl der Dachlatten	490 : 32 = 15,3

Da aber nur 15 Latten angebracht werden können, multipliziert man die Anzahl der Latten mit dem »Richtwert« und erhält die Höhe der einzudeckenden Dachfläche (15 × 32 = 480 cm).
Der Rest von 10 cm muß auf die 15 Dachlatten »verteilt« werden, um den endgültigen Lattenabstand festzulegen (man dividiert also 10 : 15 = 0,6 cm). Damit erhöht sich der Lattenabstand auf 32,6 cm. In der Praxis wird man 32,5 cm wählen. Dieses Maß wurde auch bei diesem Dach ermittelt. Um sich die Lattung zu vereinfachen, sägt man sich ein oder zwei 32,5 cm lange Hilfsleisten oder fertigt eine Schablone an, mit der gleichzeitig zwei Dachlatten befestigt werden können (s. Abb. 42).

Da die Lattung der Eindeckung mit Unterdachplatten in Firstrichtung folgt, wiederholen sich folgende Arbeitsgänge:

- Überlappendes Verlegen der Unterdachplatten
- Aufnageln der Konterlatten (Abstandsleisten)
- Befestigen der Dachlatten

Um zu gewährleisten, daß die obere Unterdachplatte die untere um 100 mm überlappt, wird ein Montage-Klipp verwendet (2 Stück je Plattenbreite), der beide Platten miteinander verbindet (s. Zeichnung 6 und Abb. 43).
Die relativ problemlose Montage der Unterdachplatten und die darauf folgende Konter- und Dachlattung kann von nur einer Person ausgeführt werden, wenn die Arbeitsgänge in der erwähnten Reihenfolge ablaufen (s. Abb. 44).

[2] Da die Firstziegel nicht in Mörtel, sondern trocken verlegt werden sollen, ist die oberste Dachlatte 3–4 cm unter dem Firstscheitel zu befestigen.

44 Einlattung der Dachfläche

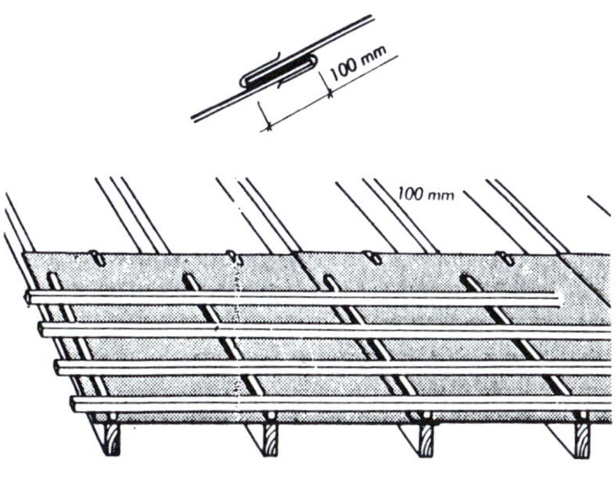

Zeichnung 6: Montage-Klipp-Spange für überlappendes Verlegen der Unterdachplatten

43 Unterdachplattenverbindende Montage-Klipp-Spange; die obere, rechte Platte ist noch nicht ganz in die Spange gedrückt

Traufen, Giebel und Walmverkleidung (Blenden)

Bevor die Dachfläche mit Dachpfannen eingedeckt wird, müssen alle Dachkanten (Traufen), Giebel (Ortgänge) und Walme mit »Blenden« versehen sein. Die dafür vorgesehenen, einseitig gestrichenen Stülpbretter sind mit einem »Haspelfalz« gehobelt worden, so daß nach der Montage eine »Schattenfuge« sichtbar wird, die die architektonische Individualität derartiger Blenden besonders hervorhebt.
An diesem Haus wurden die Blenden mit drei Stülpbrettern konstruiert, die von unten nach oben zu montieren waren.
An den Traufen wurde – vor der Befestigung des ersten, unteren Brettes – eine Fluchtschnur gespannt, die zwei Zentimeter unterhalb der auskragenden Deckenbalken verlief. Nach dieser Flucht konnte das untere (erste) Blendbrett ausgerichtet und an den Hirnholzflächen der Deckenbalken festgenagelt werden (s. Abb. 45, 46).
Vor der Montage der giebelseitigen Blenden, an den sogenannten Ortgängen, muß, wie bei diesem Haustyp, der Krüppelwalm mit Latten versehen sein, um die Bretter montieren zu können.
Im ersten Arbeitsgang werden die über den Giebel hinausragenden Dachlatten sparrenbündig abgesägt und mit der Befestigung des obersten Blendbrettes begonnen. Dieses Brett muß soweit über die Dachlatten hinausragen, daß es mindestens auf gleicher Höhe mit dem Mittelwulst der Dachziegel liegt, da der Giebelanschluß später mit Ortgangblechen (statt Ortgangpfannen) abgedeckt werden sollte. Je nach Ziegelart beträgt dieser Abstand 4–5 cm. Diesen Abstand sollte man sich vorher auf dem Brett anreißen, um dieses Maß an jeder Dachlatte einzuhalten. Mit verzinkten Nägeln wird dann das Brett an die Dachlatten (ins Hirnholz) und den Sparren genagelt (s. Abb. 47, 48).

45 Unteres Stülpbrett nach der Fluchtschnur ausrichten und mit verzinkten Nägeln befestigen

46 Ergänzende Bretter »überstülpen« und abnageln

47 Montage der Ortgangblende

48 Blendenmontage am Krüppelwalm; rechts im Bild sind bereits Ortgangbleche verlegt

Dacheindeckung mit Betondachziegeln

Handwerklich begabten Bauherren, die die Dachfläche in Eigenleistung eindecken wollen, sei dringend empfohlen, die Verlegehinweise des Dachziegelherstellers sorgfältig durchzulesen, um gravierende Fehler zu vermeiden.
Hier sei nur kurz auf einige wichtige Punkte hingewiesen, die bei der Eindeckung mit Dachziegeln dieser Art zu beachten sind:
Die Dachfläche (Deckbreite und -höhe) sollte bereits in der Planung so festgelegt sein, daß eine *volle Ziegeldeckung* erreicht wird, also unterschiedliche Überdeckungen in der Höhe (von der Traufe zum First) und zeitaufwendige Zuschnitte einzelner Pfannen an der Giebelkante (Ortgang) vermieden werden.
Vor der Eindeckung ist zu klären, welche Deckbreite zehn Dachziegel »gezogen« oder »gestoßen« ergeben. Die Differenz von 1,0 bis 1,5 cm bei zehn Dachziegeln kann darüber entscheiden, ob eine gleichmäßige Deckung in der Breite des Daches – ohne Zuschnitt – erreicht wird oder nicht.
Die Eindeckung ist von rechts nach links vorzunehmen.
Mindestens jeden dritten Dachziegel versetzt verklammern (Verlegehinweise beachten!).
Den Giebelabschluß (Ortgang) mit Ortgangpfannen oder Ortgangblechen abschließen.
Firstpfannen immer entgegen der Wetterrichtung verlegen; bei Trockendeckung ist links und rechts vom Firstscheitel jeweils eine Firstlatte zu befestigen.
In diesem Beispiel wurden die Dachpfannen zunächst auf der Dachfläche verteilt; ein gemieteter Lift erleichterte diese Arbeit erheblich. Danach wurde am rechten Ortgang mit dem Verlegen begonnen (s. Abb. 49).
Nach dem Verlegen der ersten Ziegelreihen wurde versucht, diese mit einem geraden Brett auf eine Höhenflucht zu »stoßen« (s. Abb. 50).
Diese Methode ist sicherlich schnell und praktisch, gewährt aber nicht die Genauigkeit, die erreicht wird, wenn man die ermittelte *mittlere Deckbreite* an der Trauf- und Firstlatte markiert und mit einer Schlagschnur auf alle Dachlatten überträgt.
Statt dessen wurden die Traufziegel bis zum linken Ortgang ausgelegt, mit dem Ergebnis, daß die letzte Ziegelreihe einzeln zugeschnitten werden mußte (s. Abb. 51, 52).

49 Verlegen der Dachziegel von rechts nach links

Es wurde bereits darauf hingewiesen, daß bei der Trockendeckung die beiden oberen Dachlatten (links und rechts vom Firstscheitel) drei bis vier Zentimeter vom Firstscheitel entfernt anzubringen sind. Damit verbleibt genügend Platz für die Firstlatte, die für die Befestigung der Firstziegel notwendig ist. Normalerweise wird hierfür eine Dachlatte (4 × 6 cm) hochkant befestigt; statt dessen können aber auch zwei Bretter hochkant auf dem Firstscheitel montiert werden.
Auf diese Firstlatte werden Abdeckstreifen und Firstziegel in einem Arbeitsgang gelegt und durch eine Klammer mit der Latte verbunden (s. Abb. 53).

50 Ziegelreihe mit einem geraden Brett auf eine Flucht stoßen

51 Ausmessen der letzten zuzuschneidenden Traufziegel am linken Ortgang

Die Grate der Krüppelwalme wurden ebenfalls mit Firstziegeln eingedeckt. Vorher mußten aber die angrenzenden Dachziegel genau ausgemessen und mit der Flex zugeschnitten werden. Für den Abschluß am Ortgang wurden Ortgangbleche überlappend verlegt und mit verzinkten Nägeln befestigt (s. Abb. 54).

52 Zugeschnittene Dachziegel am linken Ortgang

54 Mit Ortgangblechen abgedeckte Giebelkante

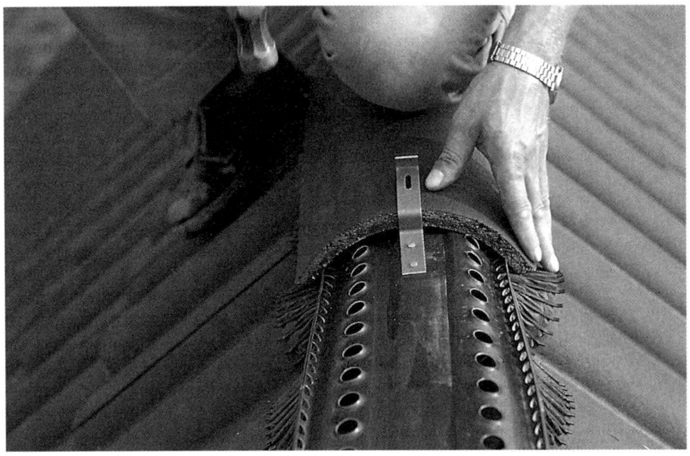

53 Abdeckstreifen mit aufgelegtem Firstziegel und Befestigungsklammer

Abschließende Außenarbeiten

Während im Inneren des Hauses nach der Dacheindeckung vorbereitende Installationsarbeiten begannen, konnten die verbleibenden Außenarbeiten an diesem Holzhaus abgeschlossen werden. Dazu gehörten:

- Anschlußbretter an den Hausecken und den Fenster- und Türelementen befestigen
- Giebelunterkonstruktion und Verschalung, einschließlich Fenster- und Elementeeinbau
- Untere Verbretterung der Traufen und Ortgänge (Unterschlag)
- Decken und Abseiten des überdachten Balkons verkleiden
- Balkongeländer montieren
- Holzterrasse montieren und mit Geländer einfassen
- Regenrinnen montieren

Da die vorgefertigten Außenwandelemente in der Fläche überlappend montiert wurden, aber an den Hausecken noch zu komplettieren waren, mußten die hierfür bereitgestellten Stülpbretter nur noch in der Breite zugesägt und mit verzinkten Nägeln befestigt werden (s. Abb. 55).
Der gleiche Arbeitsgang war notwendig, um die Fenster- und Türelemente seitlich abzudecken, deren Fugen abschließend mit UV-beständiger Fugenmasse abgespritzt wurden.
Die Unterkonstruktion der Giebelwand aus 45 × 100 mm starken Kanthölzern wurde außen mit einer Lage Bitumenpappe versehen und mit der haustypischen Stülpschalung abgedeckt. Unterkonstruktion und Stülpschalung wurden so montiert, daß die Fenster – von innen eingesetzt – seitlich und oben gegen die Schalung anlagen. Ein Fensterblech deckte die Hirnholzflächen der Außenschalung ab (s. Abb. 56).
Für die giebelseitigen Traufenvorsprünge war eine Unterkonstruktion notwendig, um die Schalung befestigen zu können (s. Abb. 57).
Vor dem Einbau der Balkonelemente mußte der Fußboden im Dachgeschoß verlegt sein. Hierfür wurden 22 mm dicke Spanplatten mit Nut und Feder im versetzten Stoß verlegt, wobei die Feder vorher mit Holzleimstreifen versehen wurde (s. Abb. 58).
Auf diesen Boden konnten nun die Balkon-Fensterelemente gesetzt und mit dem Fußboden und der Unterkonstruktion verbunden werden (s. Abb. 59).
Im Anschluß konnte mit dem Balkonfußboden begonnen werden. Hierfür wurde kesseldruckimprägnierte Bohlenware mit einem Zwischenabstand von 5 mm verlegt und festgenagelt.
Von diesem Balkonboden ließen sich dann die seitlichen Anschlußbretter und die Deckenverkleidung problemlos anbringen (s. Abb. 60).
Da diese Holzverkleidung – trotz der Überdachung – der Witterung ausgesetzt ist, ist es ratsam, hierfür tauchimprägnierte Holzware zu verwenden oder die Bretter beidseitig mit witterungsschützender Lasur zu versehen.
Auch die Unterschläge an den Traufen und Ortgängen wurden mit tauchimprägnierten Brettern verkleidet (s. Abb. 61). Um die Dachziegel ausreichend zu hinterlüften, wurden die besäumten Bretter ebenfalls mit einem Zwischenabstand von ca. 5 mm verlegt, wobei ein Hartfaserplättchen als Abstandsmaß zu empfehlen ist.
In der Abbildung 61 ist der giebelseitige Traufenvorsprung noch nicht mit der Stülpschalung versehen. Deshalb noch ein Hinweis: Die dort anzubringende Schalung sollte die Unterschlagsbretter um 1,0–1,5 cm überdecken, damit ablaufendes Regenwasser die Hirnholzflächen des Unterschlags nicht berühren kann.
Erst wenn diese Arbeitsgänge abgeschlossen sind, kann das Balkongeländer montiert werden. Hierfür wurden kesseldruckimprägnierte, unten ausgeklinkte Holzständer im gleichen Abstand senkrecht am äußersten *Deckenbalken* mit Bolzen verschraubt.

55 Eckanschlußbretter zuschneiden und abnageln

56 Verbretterung der Giebelwand

57 Senkrechte Stülpschalung am giebelseitigen Dachüberstand

58 Spanplatten-Feder vor dem Abnageln mit Leim versehen

59 Einbau der Fenster- und Türelemente zum überdachten Balkon (Loggia)

60 Deckenverkleidung der Loggia

Die Ausklinkung ist notwendig, damit die Ständer mit halber Querschnittsfläche auf dem Balkonfußboden aufliegen und seitlich mit dem Balken verschraubt werden können.
Sobald die Montagepunkte eingemessen sind, werden die Ständer mit einer Schraubzwinge lotrecht fixiert und für die Schraubenbolzen durchbohrt (s. Abb. 62).
Nachdem die Balkonständer mit Schraubenbolzen befestigt sind, werden sie oben mit einem (hier weiß vorgestrichenen) Brett verbunden, das mit der Innenverkleidung der Loggia zu verschrauben ist, um die notwendige Stabilität zu gewährleisten (s. Abb. 63). Dieses Brett springt um ca. 22 mm (Brettstärke der Verkleidung) vor, damit das obere Verkleidungsbrett bündig mit dem Deckbrett abgenagelt werden kann (s. Abb. 64). Sinnvoller wäre es allerdings, das Deckbrett noch weiter vorspringen zu lassen und vorher mit einer Abtropfnut zu versehen.
Zu den abschließenden Holzarbeiten im Außenbereich gehört die Terrassenkonstruktion.
Da Terrassen normalerweise keine außergewöhnlichen Lasten zu tragen bzw. abzufangen haben, müssen die balkentragenden Fundamentpunkte nicht unbedingt aus Beton gegossen bzw. geschüttet werden. Deshalb entschied man sich in diesem Fall für vorgefertigte Betonstützen (11,5 × 15,0 × 50,0 cm), die in Abstandsreihen von 180 cm auf verdichtetem Kies gesetzt und mit der Wasserwaage (und Richtscheit) auf gleiche Höhe nivelliert wurden.

61 Befestigung der Unterschlagbretter mit einem Drucknagler

62 Ständer mit einer Zwinge lotrecht fixieren und für die Bolzenverbindung vorbereiten

63 Verschraubte Ständer mit einem flach aufliegenden Deckbrett verbinden

64 Deckbrett und Verkleidungsbrett bündig abnageln

Auf diesen *Fundamentpunkten* wurde die untere, druckimprägnierte Balkenlage (10,0 × 15,0 cm) ausgelegt, wobei die Auflagepunkte vorher mit Bitumenpappe abgedeckt wurden.
Im rechten Winkel dazu folgte dann das Auslegen der oberen Balkenlage, die im Abstand von 60 cm mit den unteren Balken verbunden wurde. Auf diese Unterkonstruktion konnten nun die Terrassendielen mit einem Zwischenabstand von 0,5 cm offen genagelt werden (s. Abb. 65).
Die Stirnseiten der Lagerhölzer würden später mit einem ebenfalls kesseldruckimprägnierten Brett abgedeckt.
Ein besonderes Gestaltungselement dieser Terrasse war das Geländer, das aus vorgefertigten Einzelelementen montiert wurde. Dabei war es wichtig, die tragenden Pfosten maßgenau an den Balken zu befestigen, damit die Geländerelemente präzise eingepaßt und mit Nägeln befestigt werden konnten (s. Abb. 66).
Nachdem alle Elemente montiert waren, wurden sie mit einem Deckbrett stabilisiert, das gleichzeitig die Hirnholzflächen der Pfosten gegen Witterung schützt (s. Abb. 67).
Die in der Abbildung 67 noch sichtbaren Balken wurden später mit umlaufenden Brettern verdeckt.

65 Betonstein, untere und obere Balkenlage und Terrassendielen

66 Montage des Terrassengeländers

67 Deckbrettmontage am Terrassengeländer

Zu den wichtigsten Innenausbauarbeiten, die problemlos in Eigenleistung erbracht werden können, gehören alle Flächenisolierungen, Wandverkleidungen, das Verlegen der Fußböden und die Montage der Innenwände.

Isolieren und Verlegen der Fußbodenplatten

In der Leistungsbeschreibung für dieses Holzhaus wird klar definiert, wie der Fußboden aufzubauen ist: »Die Fußbodenkonstruktion besteht aus 4,5 × 10,0 cm Lagerhölzern, die mit dem Bodenrahmen vernagelt sind. Zwischen den Lagerhölzern liegt eine 100 mm starke Mineralwolldämmung auf Einschubhölzern. Der Fußbodenbelag wird aus 22 mm starken Spanplatten hergestellt.«
Der Hinweis auf *Einschubhölzer* wurde in der Praxis wie folgt gelöst: An der Unterkante der Lagerhölzer wurden Leisten genagelt, auf die Hartfaserplatten lose ausgelegt werden, auf die die Dämmplatten stramm auszulegen waren. Nach dem Verlegen der Dämmung wurde die gesamte Fläche mit einer Plastikfolie als Dampfsperre abgedeckt, um zu verhindern, daß feuchte Raumluft in die Dämmung gelangt. Anschließend konnte mit dem Verlegen der Fußbodenplatten begonnen werden (s. Abb. 68). Auch wurden wieder Nut- und Federplatten verwendet, deren Federn vor dem Verlegen ebenfalls mit Leim versehen wurden. Als Befestigungsmittel wurden – statt Schnellbauschrauben – Spanplattennägel verwendet.
Während der Plattenmontage mußten alle Löcher für Ver- und Entsorgungsleitungen exakt eingezeichnet und frei gesägt oder gebohrt werden; wichtig ist hierbei die enge Zusammenarbeit mit dem Elektriker und Heizungsinstallateur, um kostspielige Montagefehler zu vermeiden.
Bis auf das Bad wurde die gesamte Erdgeschoßfläche mit Spanplatten abgedeckt. Den Zementestrich im Bad und Gäste-WC fertigte der Bauherr selber an (10 cm dicker Magerbeton auf 6 cm Styropor) (s. Abb. 69).

68 Isolierung, Feuchtigkeitssperre und Fußbodenplatten

Isolierung und Verkleidung der Decke

Da zu diesem Zeitpunkt die Deckenbalken im Dachgeschoß noch nicht mit Spanplatten belegt waren, war es möglich, die Mineralwolledämmung von oben zwischen die Balken zu legen. Um zu verhindern, daß die Isoliermatten durchfallen, wurden vorher unter den Deckenbalken Drähte gespannt (s. Abb. 70).
Als Deckenverkleidung wählte der Bauherr Profilbretter aus Kiefernholz, die in verdeckter Nagelung befestigt werden sollten. Vorher mußte die Fläche aber ebenfalls mit einer Feuchtigkeitssperre versehen werden. Erst danach konnten die Einzelbretter mit einem Drucknagler befestigt werden (s. Abb. 71).
Bei der Deckenverkleidung ist darauf zu achten, daß die Stöße nicht in einer Flucht, sondern versetzt angeordnet sind, wobei die versetzten Stöße wiederum in einer Flucht sein sollten.

69 Glattziehen des Magerbetons mit dem Reibebrett; die Feuchtigkeitssperre wurde vor dem Schütten ausgelegt

72 Grundriß für die Zwischenwände

70 Von oben eingelegte Dämmplatten, auf Drähten aufliegend

71 Profilbretter mit dem Drucknagler verdeckt befestigen

Innenwände aufstellen

Während die Decke noch verkleidet wird, kann schon mit dem Ständerwerk der Trennwände begonnen werden. Dem geht aber ein genaues Einmessen der einzelnen Wände voraus, deren Montagelinien mit einer Schlagschnur markiert werden (s. Abb. 72).

In diesem Haus wurde die Ständerkonstruktion aus Dachlatten mit einem Querformat von 4,5 × 4,5 cm verwendet, so daß einschließlich Verkleidung (Profilbretter) eine Wandstärke von ca. 70 mm erreicht wurde (s. Abb. 73); eine sicherlich ausreichende Wanddicke, aber hinsichtlich der Schalldämmung etwas unterdimensioniert.

In Abbildung 73 wird deutlich, daß bereits vor und während der Deckenverkleidung mit der Ständerkonstruktion begonnen werden kann. Damit wird dem Elektriker die Möglichkeit gegeben, die Elektrokabel nicht nur in der Decke zu verlegen, sondern auch an vorhandene Ständer provisorisch zu befestigen, um die Installationsführung innerhalb der Wände vorzubereiten.

Bis auf freistehende Ständer, die die Druckkräfte direkt auf den Fußboden übertragen, sind die Ständer der Trennwände unten (Schwelle) und oben (Rähm) auf bzw. gegen ein Langholz zu montieren. Deshalb beginnt man zunächst mit der unteren Schwelle, lotet dann mit Wasserwaage und Richtscheit die Montagelinien auf Seitenwände und Decke und montiert die Deckenlatte (s. Abb. 74). Erst danach können die Ständer zugeschnitten, stramm eingepaßt und abgenagelt werden.

Beim Zuschnitt ist zu empfehlen, die Ständer um 1 mm länger abzulängen, damit sie stramm eingepaßt werden können, was das Abnageln erheblich erleichtert.

73 Ständerkonstruktion unter sichtbarem Leimbinder

74 Einpassen eines Eckständers zwischen Schwelle und Deckenlatte

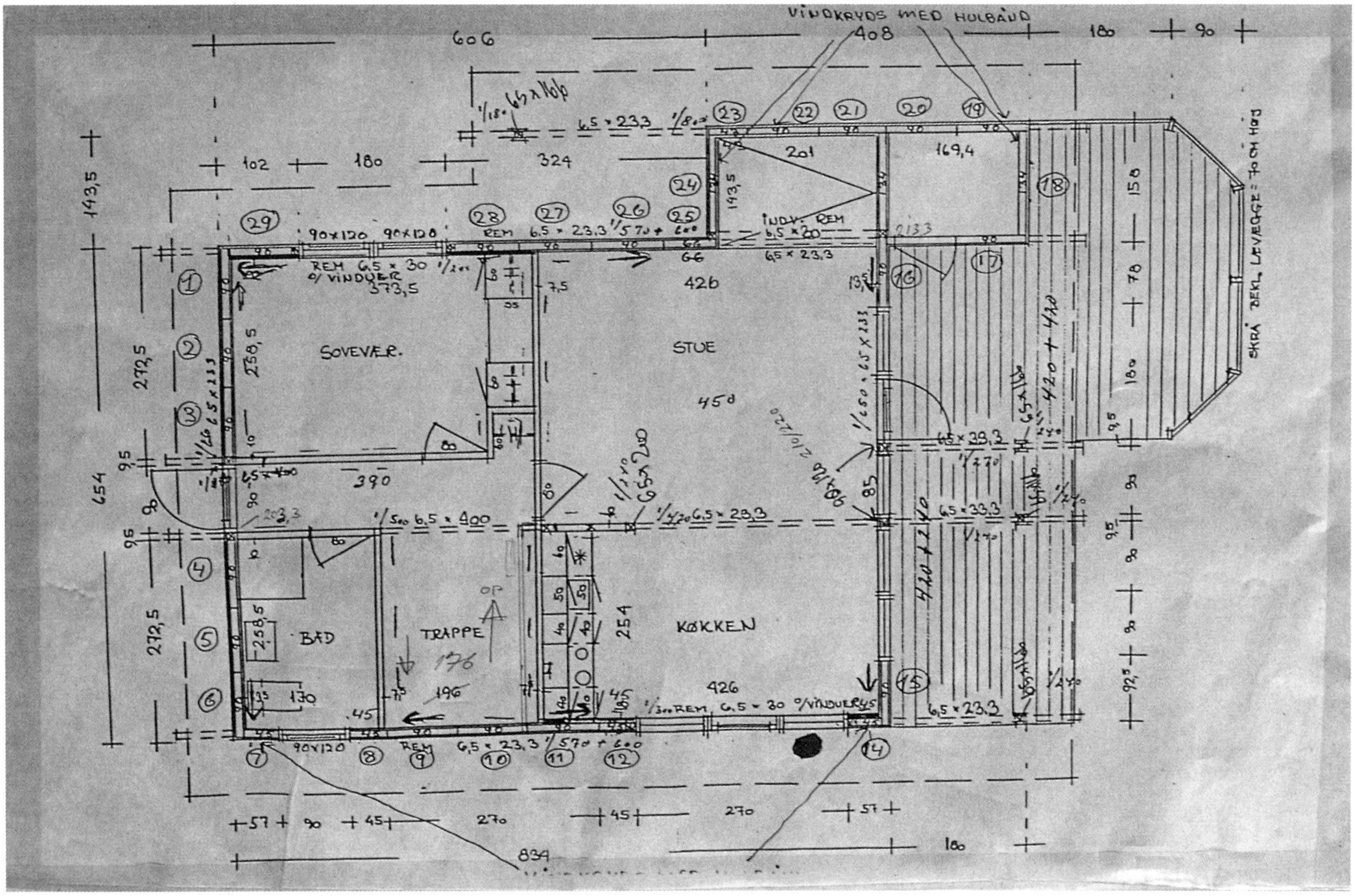
VINDKRYDS MED HULBÅND
SOVEVÆR.
STUE
BAD
TRAPPE
KØKKEN

77 Innenwandverkleidung einer Außenwand (mit Feuchtigkeitssperre)

Erst wenn die Ständer lotrecht mit Schwelle und Deckenlatte verbunden sind, können die Querriegel eingepaßt werden (s. Abb. 75). Anzahl und Zwischenabstand der Riegel sind abhängig von dem Material, mit dem die Unterkonstruktion verkleidet werden soll und welche wandhängenden Lasten zu berücksichtigen sind (Küche, Bad).
Sobald die Unterkonstruktion für die Innenwände abgeschlossen ist, werden alle Installationsarbeiten soweit vorbereitet, daß mit der Verkleidung begonnen werden kann. Während dieser Phase ist wiederum eine enge Zusammenarbeit mit dem Elektriker und Installateur sehr zu empfehlen.
Bei der Verkleidung von Naßzellen (Bad/WC) ist darauf zu achten, daß die einzudeckenden Flächen vorher mit einer Dampfsperre zu versehen sind. Die Rohrdurchführungen sind zusätzlich mit Klebeband abzudichten. Das Gleiche gilt auch für die Innenverkleidung der Außenwände, deren Isolierung mit Folie zu schützen ist, bevor die Verkleidung befestigt wird (s. Abb. 77).
Anzumerken ist noch, daß die Außenwände mit einer 150 mm starken Dämmung versehen wurden, weshalb eine Aufdoppelung mit Latten erforderlich war (s. Abb. 78).
Nach Abschluß der Profilbretterverschalung konnte mit dem Einbau der Innentüren begonnen werden. Dabei wurde die Türzarge nach dem Einpassen unten rechts (auf der Bandseite) verschraubt, lotrecht justiert und an derselben Seite oben mit dem Ständer verbunden; danach wurde die andere Seite ausgelotet und verschraubt.

75 Befestigung des oberen Riegels für Profilbretter und oben umlaufende Blende (Kassetten)

76 Tischler, Elektriker und Installateur während des Innenausbaus

79 Mit Fermacellplatten verkleidete Küchenwand und Vormontage der Küchenzeile

78 Befestigung der Profilschalung mit einem Drucknagler

Im Kochbereich der zum Wohnzimmer offenen Küche und im Badezimmer wurden Gipsfaserplatten (Fermacell) montiert, um Kacheln verlegen und Hängeschränke lastsicher befestigen zu können (s. Abb. 79).
Die Fliesenarbeiten und das Verlegen der Teppiche sowie den kompletten Dachausbau übernahm der Bauherr.

II. Das Niedrig-Energie-Haus

Einleitung

Erst nach dem Erwerb des Grundstückes begann das zum Hausbau entschlossene Ehepaar sich über Bauart und -form und Materialien des künftigen Einfamilienhauses Gedanken zu machen.
Da man sich schon seit Jahren für den Baustoff Holz interessierte, genügte eine Kurzreise nach Südnorwegen, um sich in einer Musterhaus-Siedlung von Holzhäusern (Ort: Kristiansand) zu informieren und endgültig für diesen natürlichen Werkstoff zu entscheiden. Da diese Holzhäuser bereits nach der schwedischen Baunorm (von 1990) gebaut waren, deren Anforderungen den deutschen *Empfehlungen* für ein *Niedrig-Energie-Haus* weitgehend entsprechen, sollte diese Konzeption übernommen werden.
Nach der energiesparenden Baukonzeption kamen noch baubiologische Ansprüche hinsichtlich der Innenausbaumaterialien hinzu, die mit dem familieneigenen Schlagwort »Allergiefreies Wohnen« definiert wurden: Neben dem Werkstoff Holz sollten – so weit wie möglich – natürliche Baumaterialien verwendet werden.
Ergänzt wurde diese Konzeption durch eine Regenwassernutzungsanlage, eine Niedrigtemperatur-Fußleisten-Heizung und eine zentrale Staubsaugeranlage.
In Zusammenarbeit mit den Architekten (Hülf & Holst, Hamburg), die die skandinavische Holzbauweise nicht nur wegen ihrer jahrhundertealten Tradition, sondern auch wegen ihrer Vielfalt architektonischer Möglichkeiten schätzen, entstand das in diesem Kapitel beschriebene Einfamilienhaus.

Grundrisse, Schnitte, Ansichten

Bereits im Grundriß (s. Zeichnungen 1–6) wird deutlich, daß eine klare, kompakte Architektur gewünscht wurde. Der symmetrische Grundriß (10 × 10 m) wurde im Erdgeschoß so aufgeteilt, daß neben Hausanschlußraum, Gästezimmer und Gäste-WC über die Hälfte der Grundfläche für einen großzügigen Wohnraum verblieb; die integrierte Küche und der offene Treppenaufgang zum Dachgeschoß sowie großformatige Fenster entsprachen den Wünschen der Familie nach offenem, hellen Wohnmilieu und familiengerechter Raumaufteilung (s. Zeichnung 8, 9).
Zu dieser Raumaufteilung gehörten im Dachgeschoß die beiden Kinderzimmer, das Schlafzimmer der Eltern und ein Arbeitsraum für Hobbies und Entspannung.
Durch die ebenfalls symmetrische Anordnung der Dachgeschoß-Gauben mit fast zimmerhohen Fenstern wurde auch hier für einen optimalen Lichteinfall gesorgt (s. Zeichnung 7 und Abb. 80).
Aufgrund des quadratischen Grundrisses war ein symmetrisches Pyramidendach – auch Zeltdach genannt – möglich, das an allen vier Dachseiten von gleichgroßen Giebel-Gauben durchbrochen wurde.

80 Südansicht kurz vor der Fertigstellung

Zeichnung 7: Südansicht des Holzhauses

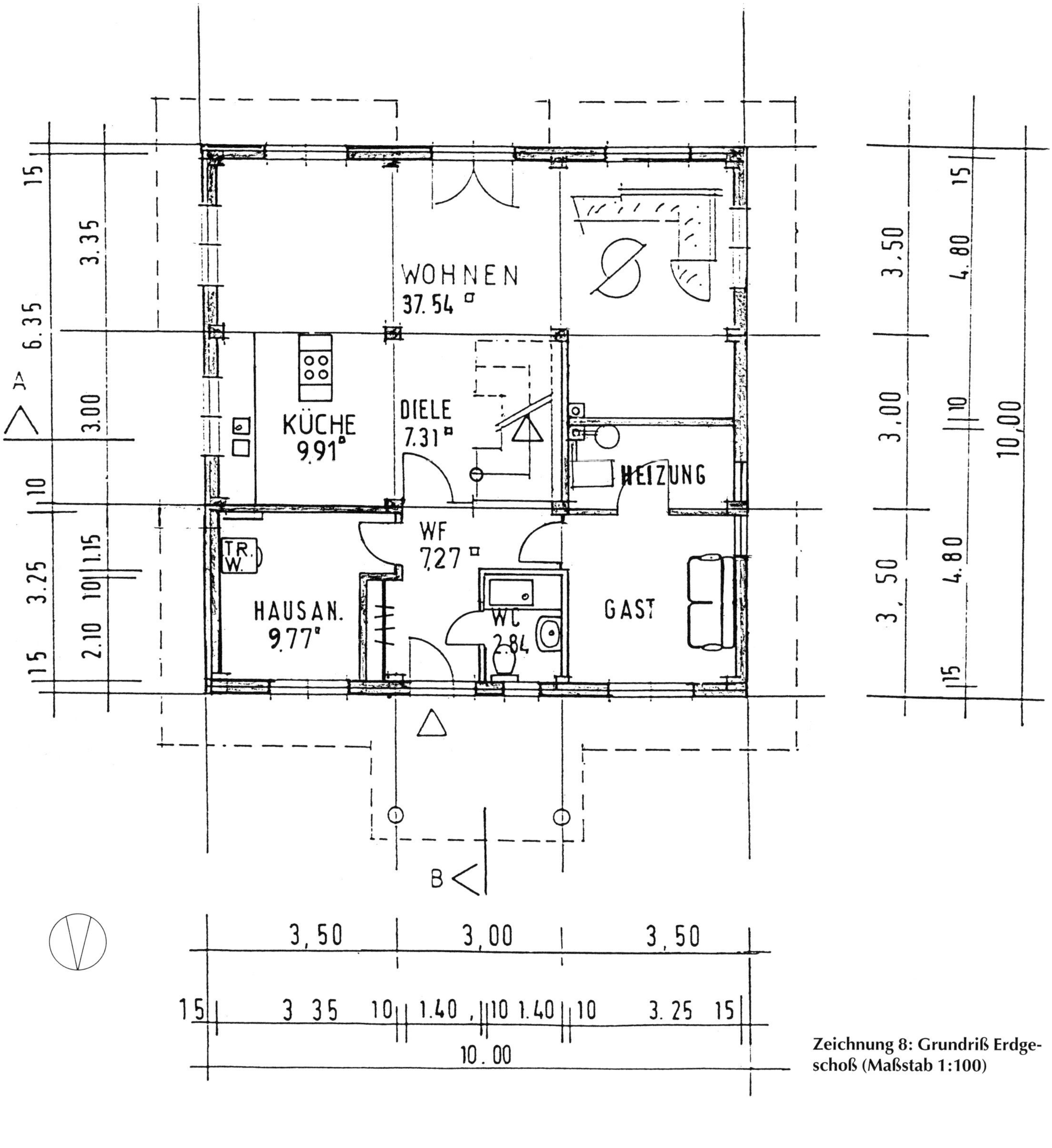

Zeichnung 8: Grundriß Erdgeschoß (Maßstab 1:100)

Bauart und Konstruktion

Ähnlich dem im ersten Kapitel beschriebenen Haus ist auch die Bauart dieses Wohnhauses der deutschen *Holzrahmenbauweise* zuzuordnen. Allerdings wurden hier energiesparende Konstruktionsdetails berücksichtigt, die für ein Niedrig-Energie-Haus erforderlich sind.
So sind alle Außenwände ab Werk in der für Leichtbauwände typischen Materialfolge aufgebaut (von außen nach innen): Sägerauhe, tauchimprägnierte Deckelschalung (Kriech und Decker) direkt auf Baufurnier-Platten (Plywood) genagelt, die mit der Holzständerkonstruktion ebenfalls verbunden waren. Da das Format der Rahmenhölzer (45 × 115 mm) keine ausreichende Dämmdicke zuließ, wurden die Wände innen mit Dachlatten »aufgedoppelt«, so daß eine Dämmstärke von 175 mm erreicht wurde, die mit verrottungsfreiem Dämmstoff aus Zellulose (isofloc) fugendicht ausgeblasen wurde. Für die darauf flächig aufzubringende Dampfsperre wurde eine gewebeverstärkte Naturpappe – statt Plastikfolie – bevorzugt, die raumseitig mit Gipskartonplatten verkleidet wurde.
Die Ständerkonstruktion der Innenwände wurde aus Kanthölzern mit einem Querformat von 45 × 95 mm montiert, ebenfalls mit Zellulose isoliert und mit Gipskartonplatten beplankt.
Da man auf Spanplatten als Bodenbelag verzichten wollte, entschied sich die Familie für einen Holzfußboden aus beidseitig gehobelten Kieferndielen (mit Nut und Feder), der nur im Eingangs- und Küchenbereich durch einen Boden aus Terrakottafliesen unterbrochen wurde.
Um die Montagezeiten auf der Baustelle zu reduzieren, wurden auch für dieses Haus die Außenwände (und ein Teil der Innenwände) werkseitig als tragbare Einzelelemente vorgefertigt.

Fundament

Um Kosten zu sparen, verzichtete man auf eine Unterkellerung des Hauses. Statt dessen wurde eine Fundamentplatte geschüttet, die aber, wie sich später herausstellte, Höhenunterschiede bis zu 3,5 cm aufwies, so daß die Schwellenhölzer später genau einnivelliert werden mußten.
Um sicherzugehen, daß auf der gesamten Fundamentfläche keine Feuchtigkeit aufsteigen kann, wurde die Fundamentplatte mit einer Bitumenschweißbahn verklebt (s. Abb. 81). Ein Arbeitsgang übrigens, der durchaus in Eigenleistung ausgeführt werden kann, zumal der notwendige Gasbrenner, mit dem die Teerschicht erhitzt wird, stundenweise zu mieten ist.

81 Ausrollen und überlappendes Verkleben der Bitumenschweißbahn

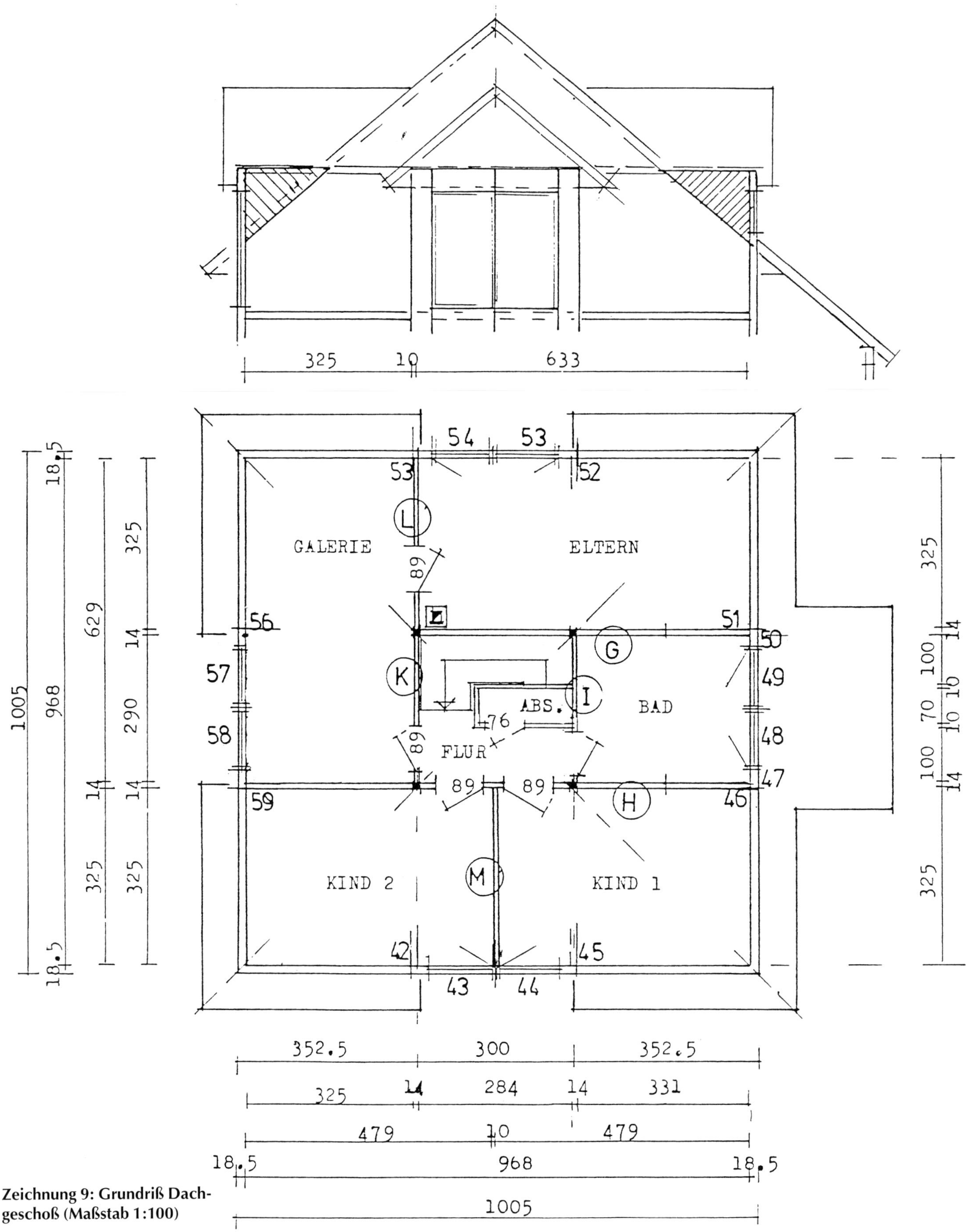

Zeichnung 9: Grundriß Dachgeschoß (Maßstab 1:100)

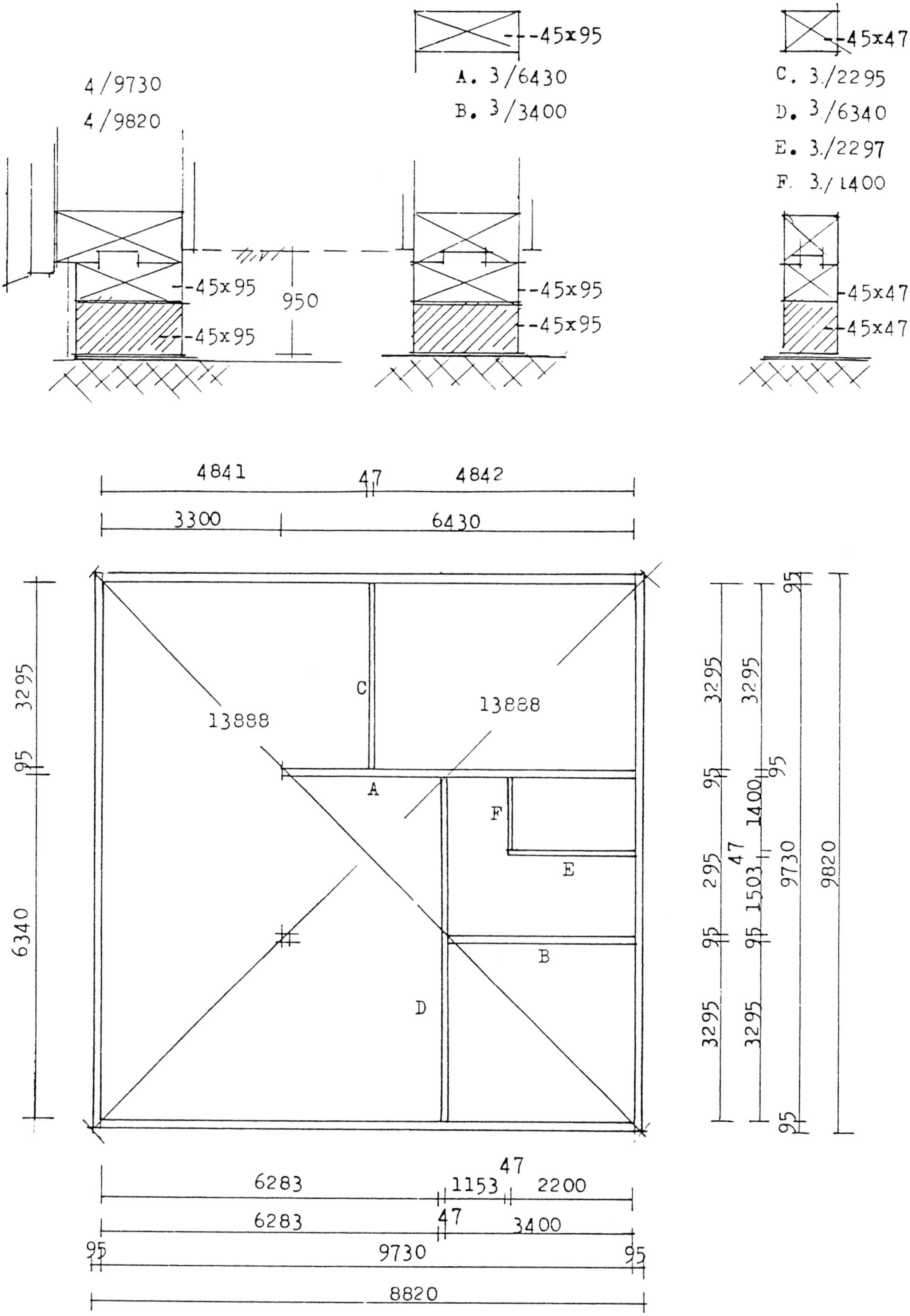

Zeichnung 10: Schwellenplan
Erdgeschoß (Maßstab 1:100)

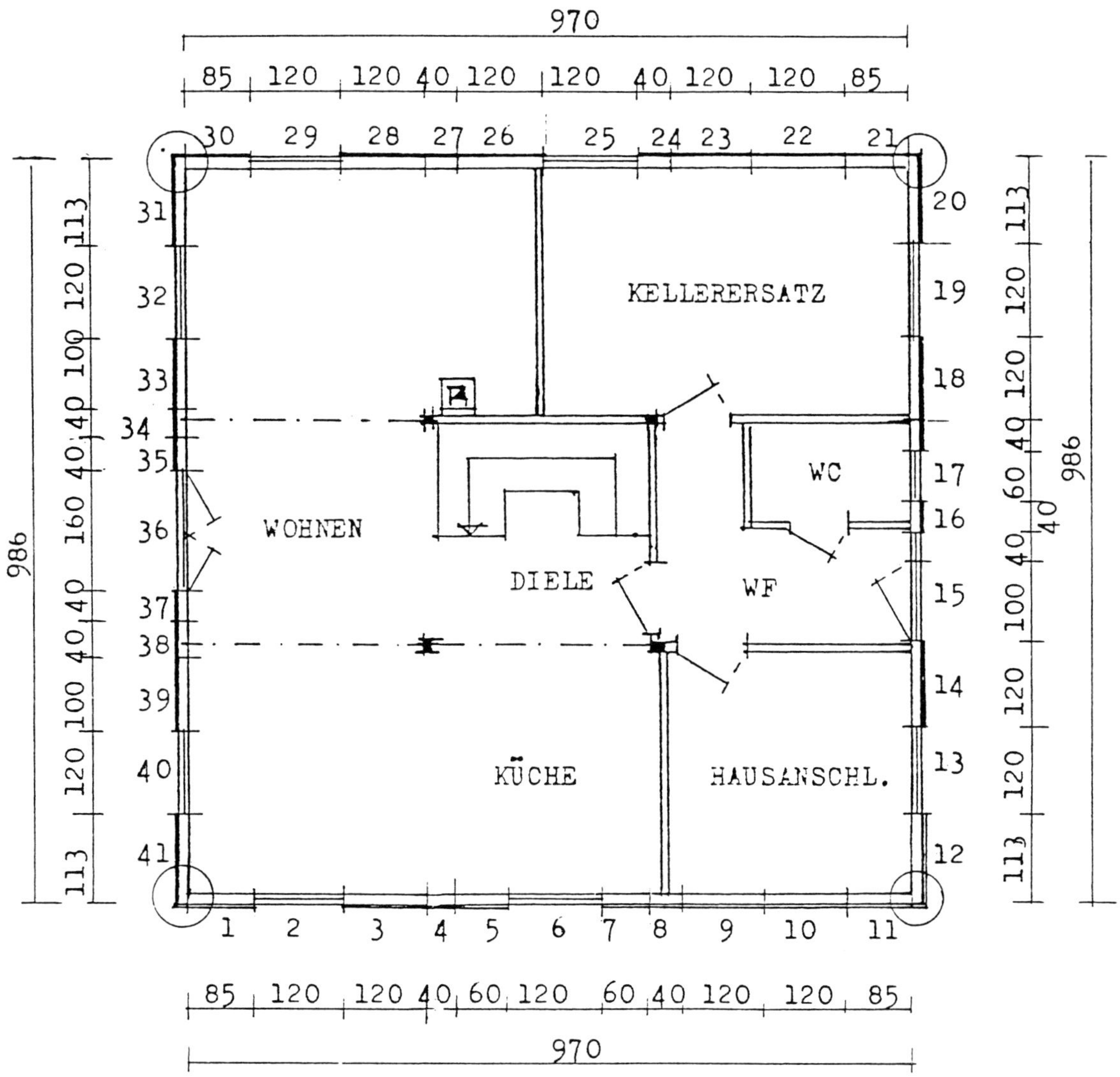

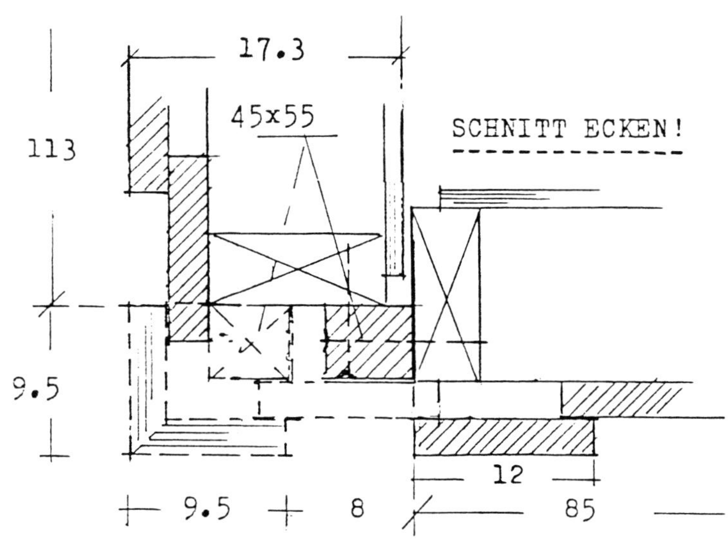

Zeichnung 11: Montageablaufplan für die Außenwandelemente (Maßstab 1:100)

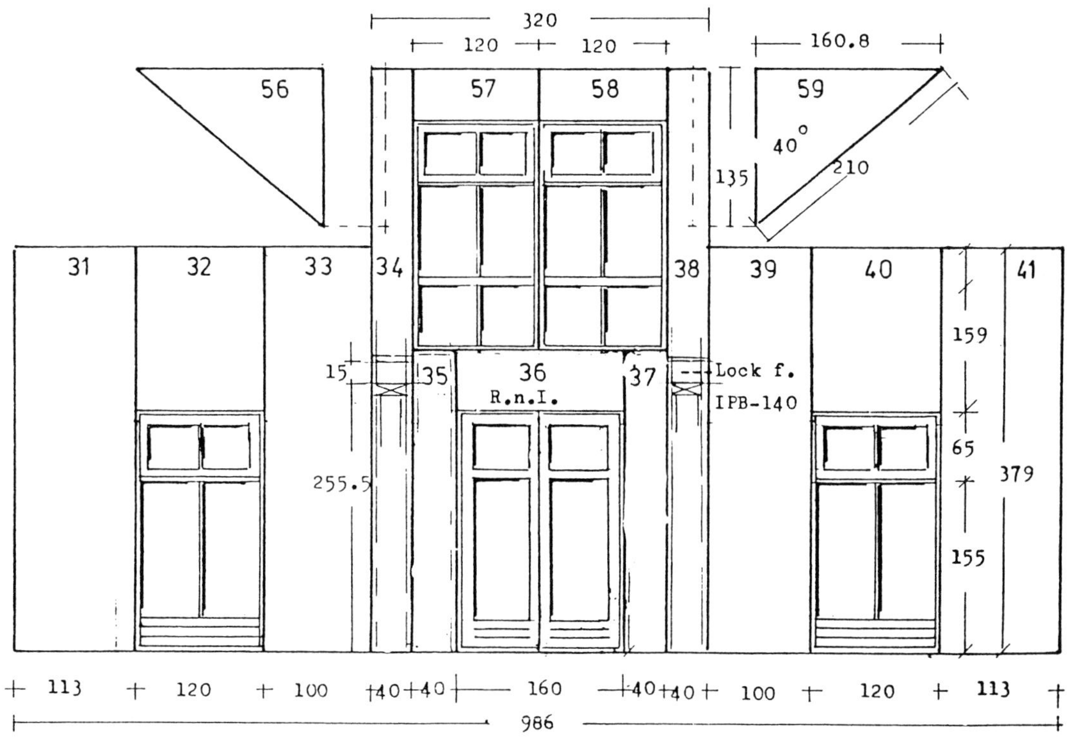

Zeichnung 12: Numerierte Außenwandelemente der Südwand (Maßstab 1:50)

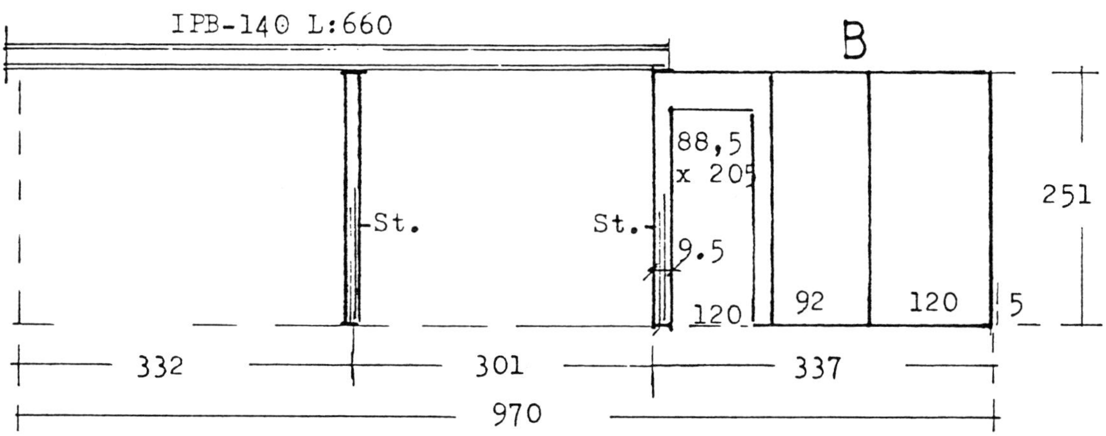

Zeichnung 13: Innenelemente einer tragenden Innenwand im Erdgeschoß (B-Achse) (Maßstab 1:75)

82 Auslegen der ersten Schwellen und ihre Rechtwinkligkeit durch Diagonalmessung (hier: 13,888 m) überprüfen und – falls notwendig – korrigieren; anschließend an den vier Eckpunkten mit einem Bolzenschußgerät standsicher befestigen

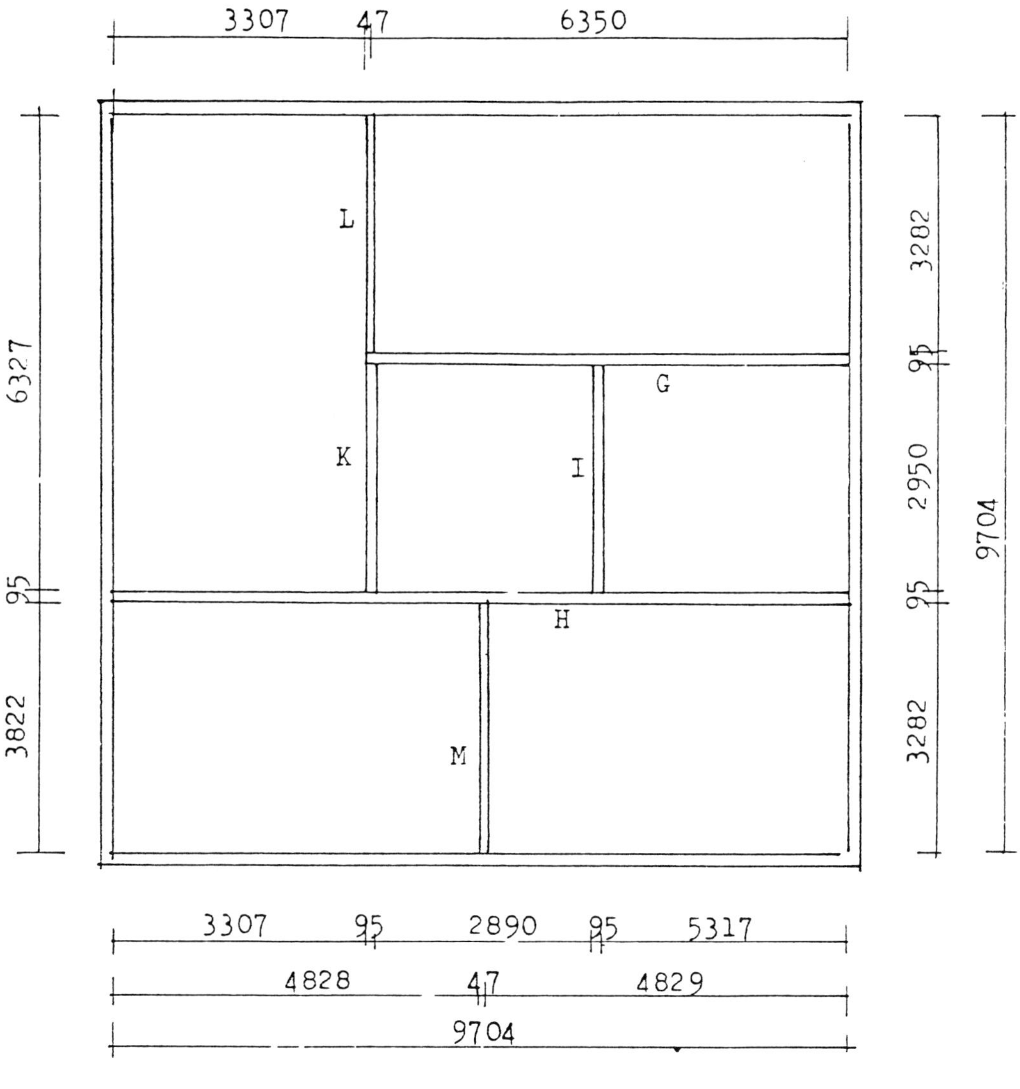

Zeichnung 14: Schwellenplan für das Dachgeschoß (Maßstab 1:100)

Auslegen, Einnivellieren und Befestigen der Schwellenbalken

83 Fluchtschnüre zollstockbreit an den Eckpunkten befestigen, straffen und Balken ausrichten

Im Holzhausbau ist es üblich, die außen- und innenwändetragenden Schwellen nach einem Schwellenplan auszulegen, auf gleiche Höhe zu bringen und mit dem Betonfundament zu verankern. Daß aber auch hier Varianten möglich sind, wird in folgendem Beispiel deutlich.
Im unteren Teil der Zeichnung 10 (s. S. 57) ist festgelegt, wo welche Schwellen zu befestigen sind. Interessant ist aber auch die Detailzeichnung oben links, in der eine Doppelschwelle erkennbar ist, auf der das Außenwandelement aufliegt.
Der Vorteil dieser Doppelschwelle liegt darin, daß die untere Schwelle ohne Höhenausgleich rechtwinklig und in geraden Fluchten verlegt und befestigt wird (s. Abb. 82). Auf dieser Schwelle werden dann die unterschiedlichen Fundamenthöhen (Differenzen) mit Unterlegplättchen ausgeglichen, wobei die einheitliche Höhe vorher mit dem Nivelliergerät exakt eingemessen werden mußte. Auf diesen höhengleichen Punkten wurde dann die zweite Schwellenlage ausgelegt und mit der unteren abgenagelt (s. Abb. 88).
Nachdem die Schwellen an den Eckpunkten befestigt sind, ist jede einzelne Schwelle auf eine gerade Linie einzufluchten. Hierfür werden an den Eckpunkten Fluchtschnüre mit Nägeln befestigt und zollstockbreit vom Holz entfernt straffgespannt. Nach dieser Fluchtschnur läßt sich jede einzelne Schwelle exakt ausrichten und mit Schwerlastdübeln befestigen (s. Abb. 83).
Um die Höhendifferenz festzustellen, wird das Nivelliergerät in Fundamentmitte auf einen Höhenriß eingestellt, der auf einer Meßlatte abgetragen wird, die eine zweite Person senkrecht auf die einzelnen Eckpunkte der Schwelle stellt. Sobald jeder Eckpunkt annivelliert wurde, sind die Höhendifferenzen abzulesen (s. Abb. 84, 85).
Die jeweilige Höhendifferenz kann nun an jedem Eckpunkt mit Sperrholz und Hartfaserplättchen ausgeglichen werden, wobei je Ecke zwei gleichhohe *Ausgleichshöhen* zu befestigen sind, damit die zweite Schwelle in gleicher Höhe auf den Eckpunkt zuläuft (s. Abb. 86). In dieser Abbildung ist auch bereits der nächste Arbeitsgang zu erkennen, bei dem die Höheneckpunkte durch eine straff gezogene Schnur miteinander verbunden werden, um weitere Höhenausgleichspunkte auf der Schwelle festzulegen bzw. zu befestigen.

84 Nivelliergerät auf eine Höhe einstellen und auf die Hilfslatte übertragen

85 Markierungen der unterschiedlichen Höhen auf der Hilfslatte

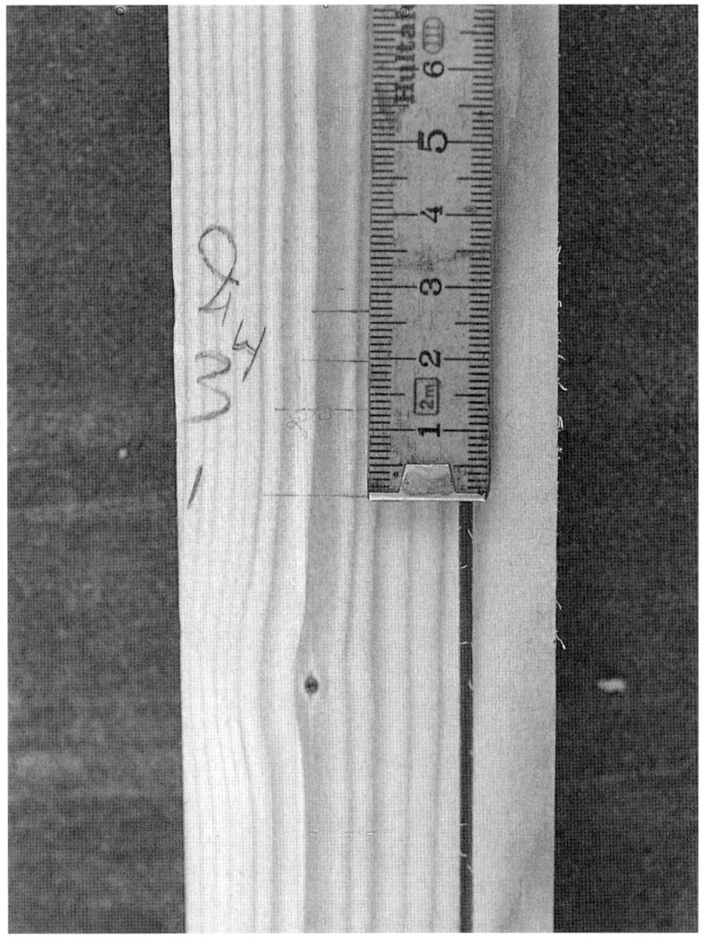

86 Höhendifferenz im Eckpunkt zweifach mit Sperrholz- und Hartfaserplättchen ausgleichen

87 Höhenausgleichspunkt mit einem Hartfaserplättchen überprüfen

Ein kleiner Trick erleichtert diese Arbeit: Auf die einnivellierten Eckpunkte legt man *zusätzlich* ein Stück Hartfaserplättchen unter die gespannte Schnur. An genau festgelegten statischen Druckpunkten werden nun wieder Plättchen so hoch gelegt, bis mit einem gleichdicken Plättchen die Fluchtschnur fast berührt wird (s. Abb. 87).
Hat man die Höhen mit diesem Hilfsplättchen höhengleich justiert, werden die zusätzlichen Plättchen an den Eckpunkten wieder entfernt. Danach kann die zweite Schwellenlage ausgelegt und mit der unteren verbunden werden, wobei die Nagelpunkte immer an den Höhenausgleichspunkten sein sollten (s. Abb. 88). In dieser Abbildung ist auch zu erkennen, daß die obere Schwelle mit einer freigefrästen Führungsfeder versehen ist, die die Montage der Wände später erleichtert.
Nachdem die Schwellen für die Außenwände verlegt und befestigt sind, wird mit dem maßgenauen Auslegen der Schwellen für die Innenwände begonnen, wobei die Höhe mit der Wasserwaage übertragen wird. Anschließend erfolgt die Befestigung mit Winkelverbindern und Schwerlastdübeln (s. Abb. 89).

88 Obere Schwelle auf Höhenausgleichspunkte auflegen und mit der unteren verbinden

89 Schwellen für die Innenwände auslegen und auf gleiche Höhe bringen

Außenwandmontage

Ein optisch sehr auffälliges, architektonisches Detail an diesem Holzhaus sind die ungewöhnlich hohen Außenwände (379 cm), die werkseitig in 41 tragbare Elemente vorgefertigt wurden.
Interessant an diesen hohen Wandelementen ist, daß eine Drempelkonstruktion im Dachgeschoß entfällt, da die Balkenlage der Erdgeschoßdecke in einer Höhe von 255 cm in die Außenwand »hineinmontiert« wird. Hätte man die Außenwand auf »normale« Erdgeschoßhöhe konstruiert, wäre im Dachgeschoß ein erheblicher Raumverlust in Kauf zu nehmen.
Die einzelnen Wandelemente bestehen aus Rahmenhölzern (45 × 115 mm), die mit jeweils einer Baufurnierplatte (16 mm) vernagelt sind, auf die direkt, also ohne Lattung, die Deckelschalung (22 mm) aufgenagelt ist; eine Feuchtigkeits- und Windsperre konnte entfallen (s. Abb. 90).
Um das Aufstellen der einzelnen Wandelemente zu erleichtern, war jedes Element numeriert und die Reihenfolge der Montage in einer Grundrißzeichnung festgehalten worden (s. Zeichnung 11, S. 58).
Darüber hinaus stand ein Plan zur Verfügung, in dem die Elemente je Hauswand im Maßstab 1:50 abgebildet und ebenfalls numeriert waren (s. Zeichnung 12, S. 59).
Vor Montagebeginn wurden die Schwellen mit einer teerhaltigen Sockelpappe versehen. Diese ist so weit über die Schwellen und Fundamentkanten zu legen, daß die Schwelle vor Spritzwasser und aufsteigender Feuchtigkeit dauerhaft geschützt wird (s. Abb. 91).
Künftige Bauherren sollten diesem Detail ganz besondere Aufmerksamkeit widmen, weil die Schwellenbalken zu den witterungssensibelsten Bauteilen eines Holzhauses gehören, weshalb einer Beschädigung durch Feuchtigkeit durch geeignete, praktische Vorkehrung vorzubeugen ist. Dieses Beispiel ist schon eine Verbesserung gegenüber der Sockelkonstruktion im ersten Kapitel, läßt sich aber optimieren, wie im dritten Kapitel (s. S. 102) dargestellt wird.

90 Schmales Außenwandelement (Oberkante)

91 Auf den Schwellenbalken aufgetackerte Sockelpappe

92 Erstes, lotrecht gestelltes und gegen Abscheren gesichertes Wandelement (links); rechts das ergänzende Eckelement

Nach dem Auslegen der Sockelpappe beginnt das Aufstellen der Außenwandelemente, die, lotrecht gestellt, mit Dachlatten gegen ein mögliches Abscheren gehalten werden müssen (s. Abb. 92, 93).
Sobald die beiden Eckelemente aufgestellt, miteinander verbunden und auch mit den Schwellen abgenagelt waren, konnten die weiteren Wandelemente aufgestellt werden.
Um das jeweils folgende Wandelement vor dem Abnageln standsicher zu halten, wurde es mit einer Schraubzwinge fixiert und danach mit dem bereits befestigten Element abgenagelt (s. Abb. 94).
In dieser Reihenfolge wurden die Außenwandelemente mit einfachen Handgriffen und Werkzeugen montiert.
Auf ein interessantes Detail ist noch hinzuweisen:
Die in der Abbildung 95 erkennbaren Fenster und die Terrassentür wurden bereits im Werk in die Außenwandelemente eingebaut.

94 Wandelement lotrecht setzen und mit der Schraubzwinge sichern

93 Auf der Schwelle (und Sockelpappe) aufliegendes Wandelement mit Führungsnut

95 Abgeschlossene Montage der Außenwände (hier: Südseite)

Innenwände und Deckenbalken im Erdgeschoß

Der Leser erinnert sich, daß vor Beginn der Außenwandmontage nicht nur die dafür notwendigen Schwellen, sondern auch die innenwandtragenden Lagerhölzer montiert wurden.
Da auch die Schwellen für die Innenwände mit einer montageerleichternden Feder versehen waren (s. Zeichnung 10, Schwellenplan Erdgeschoß, S. 57), konnten die vorgefertigten Innenwandelemente problemlos montiert werden.
Um Montagefehler zu vermeiden (oder um handwerklich begabten Bauherren die Montage zu erleichtern), lag auch für die Aufstellung der Innenwände (und die sie verbindenden Deckenbalken) ein Plan vor, in dem jedes einzelne Bauteil gekennzeichnet war (s. Zeichnung 13 [S. 59] und Abb. 96, 97).
Die in der Abbildung 97 links im Vordergrund zu erkennende freistehende Innenwand wurde später ebenfalls durch einen Leimbinder mit der Südwand (rechts) verbunden. Diese beiden Achsen, die das Haus von Nord nach Süd durchziehen, sind die beiden Horizontalträger für die Deckenbalken.
Auch das Verlegen der Deckenbalken – in diesem Beispiel Brettbinder mit einem Querformat von 45 × 195 mm – wurde durch einen Balkenplan und vorgefertigte Detailkonstruktionen erheblich erleichtert (s. Abb. 98). Der Balkenabstand (Achsabstand) betrug 60 cm.

96 Montage der vorgefertigten Innenwandelemente (B-Achse)

97 Einbau des Deckenbalken-Trägers aus brettschichtverleimtem Holz (Leimbinder; B-Achse)

98 Auslegen und provisorisches Befestigen der Deckenbalken

99 Deckenbalken-Träger aus brettschichtverleimtem Holz mit Trägerleisten

100 Deckenbalken, auf Außenwand-Kantholz mit Winkelverbinder befestigt

101 Deckenbalken in vormontierte Balkenschuhe setzen und mit Rillennägeln befestigen

102 Auslegen einer Schwelle auf den Deckenbalken

103 Auf der Schwelle montierte und lotrecht gesicherte Wandelemente im Dachgeschoß

Im Hintergrund der Abbildung 98 ist zu erkennen, daß die Brettbinder auf einem Kantholz aufliegen, weil die schmalformatigen Rahmenhölzer die künftige Deckenlast nicht aufnehmen können. Rechts im Bild (Abb. 98) ist der Trägerbalken sichtbar, der an der Balkenunterkante beidseitig mit einer Latte versehen wurde, um die ausgeklinkten Deckenbalken abzufangen.
Aufgrund der präzisen Vorfertigung konnten alle Deckenbalken innerhalb eines Tages ausgelegt und mit Winkelverbindern befestigt werden. Dort, wo die Balken keine lastabtragende Funktion hatten, genügte die Montage mit Balkenschuhen (s. Abb. 99–101).

Schwellenlage und Innenwände im Dachgeschoß

Im Holzrahmenbau ist es üblich, die Deckenbalken mit Holzwerkstoffplatten (Sperrholz- oder Spanplatten) zu beplanken, um die Außenwände auszusteifen. In diesem Haus wurde auf eine Beplankung verzichtet, weil die Wärme- und Schalldämmung aus Zelluloseflocken von oben zwischen die Deckenbalken geschüttet werden sollte.
Aus statischen Gründen wäre es aber sinnvoll, die Deckenbalken mit Rispenbändern diagonal zu verspannen, um die notwendige »statische Scheibe« zu erreichen.
Nach dem *Schwellenplan* wurden die Schwellen im Dachgeschoß direkt auf die Wandachsen des Erdgeschosses gesetzt und abgenagelt (s. Zeichnung 14 [S. 60] und Abb. 102).
Auf die ausgelegten und befestigten Schwellen konnten nun die numerierten Innenwandelemente gesetzt und mit einer Latte lotrecht abgeschwertet werden (s. Abb. 103).
Da diese Innenwände dachlastübertragende Kräfte aufzunehmen und abzutragen hatten, mußten sie mit Leimbindern verbunden werden (s. Abb. 104).
Nach Montage dieser für den Dachstuhl wichtigen Innenwände entschied man sich, die restlichen Wandteile nach dem Richten des Dachstuhls und der Dacheindeckung auszuführen.

Dachstuhl richten

104 **Mit Leimbindern verbundene Innenwände im Dachgeschoß**

Es ist bekannt, daß Dächer – neben dem Witterungsschutz – Lasten abzufangen und abzuleiten haben, was durch die Dachkonstruktion, auch Dachtragwerk genannt, gewährleistet wird. Daß Dachkonstruktionen auch mit holzsparenden Binder-Systemen realisierbar sind, wurde bereits im ersten Kapitel deutlich. Auch für dieses Einfamilienhaus wurde eine Dachbinder-Konstruktion gewählt (Binder-Querformat: 45 × 195 mm), die werkseitig soweit vorbereitet war, daß der komplette Dachstuhl von drei Handwerkern nach einem Dachbinder-Plan gerichtet werden konnte (s. Zeichnung 15).
In diesem Plan ist genau festgelegt, in welcher Reihenfolge die einzelnen Binder aufzustellen sind (siehe Numerierung). Aber vorweg noch einige Bemerkungen zur Dachform: Wie aus der Zeichnung hervorgeht, handelt es sich hierbei um ein Zeltdach, also ein Walmdach, dessen Dachflächen nicht im First, sondern in einem Firstpunkt zusammentreffen. Deshalb gibt es bei dieser Dachform keine traufen- und firstverbindenden Sparren, sondern vier Gratsparren (1.), die von den Eckpunkten auf den Firstpunkt zulaufen. Diese Gratsparren werden dann beidseitig durch sogenannte Gratschifter stabilisiert (2., 3., 4., 6. und 7.).
Vor dem Richten der Gratsparren und Gratschifter, die bis auf Nr. 6. und 7. alle auf dem umlaufenden Ringbalken aufliegen, ist zu prüfen, ob die Ringbalken solide mit den Außenwänden bzw. mit den Außenwandelementen verbunden sind.

105 **Richten des ersten Gratsparrens**

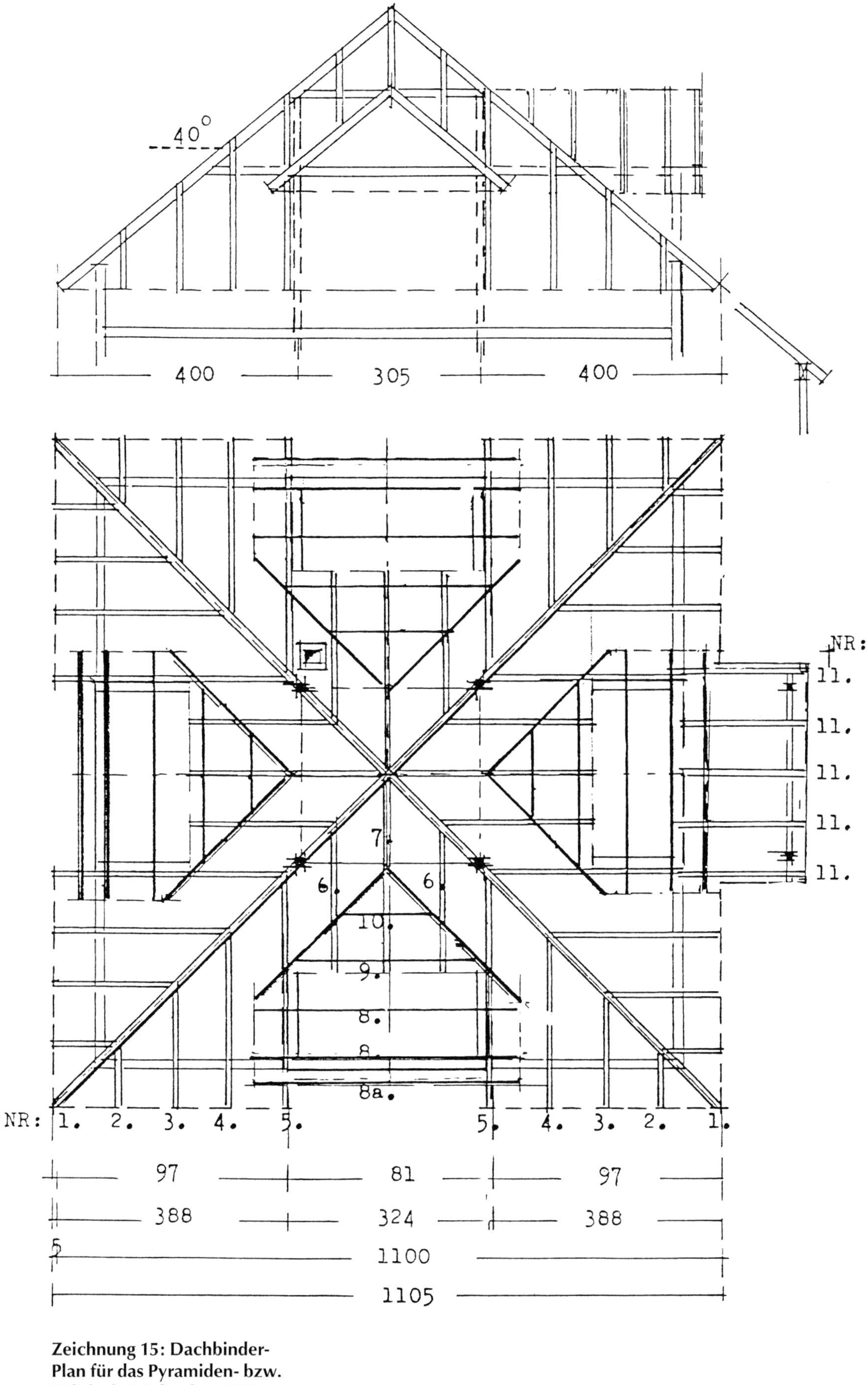

Zeichnung 15: Dachbinder-Plan für das Pyramiden- bzw. Zeltdach (Maßstab 1:100)

Da bei diesem Dach die Gratsparren über neun Meter lang waren (9,21 m), in dieser Länge aber nicht transportiert werden konnten, mußten sie auf der Baustelle komplettiert werden. Erst danach konnte der erste Gratsparren vom Eckpunkt zum Firstpunkt gerichtet und mit Latten provisorisch fixiert werden (s. Abb. 105, 106).
In der Abbildung 106 ist sehr deutlich zu erkennen, daß der Ringbalken durch ein Lochblech mit dem Rähm des Außenwandelements verbunden ist; interessant ist auch die *Dreieckskonstruktion* am Gratsparrenende, an der später der Unterschlag und die umlaufende Traufenblende montiert werden.
Sobald der erste Gratsparren steht, werden die Gratschifter angenagelt, wobei mit den beiden längsten (5.) begonnen wurde (s. Zeichnung 16 und Abb. 107, 108).
Alle Gratsparren und Gratschifter sind nach provisorischem Annageln mit Winkelblechen und Rillennägeln mit dem Ringbalken fest zu verankern, bevor die Dachkonstruktion komplettiert wird (s. Abb. 109).
Zur Komplettierung gehört, daß Gratsparren und -schifter in Höhe der Dachgeschoßdecke durch sogenannte Zangen mit den Eckpunkten der Innenwände verbunden werden müssen. Diese Zangen (Querformat: 45 × 120 mm) laufen sternförmig auf die Gratsparrenzunge zu, die auf dem Eckpfosten der Innenwand aufliegt. Die gleiche Konstruktion wiederholt sich im oberen Teil des Gratsparrens. Durch diese Konstruktion wird ein Teil der Dachlasten auf die Innenwände übertragen (s. Zeichnung 17 und Abb. 110).
Auf diese Detailkonstruktion wird so ausführlich eingegangen, weil sie dem Leser verdeutlichen soll, daß holzsparende Dachkonstruktionen möglich sind, die auch den Einbau von Giebel-Gauben zulassen.

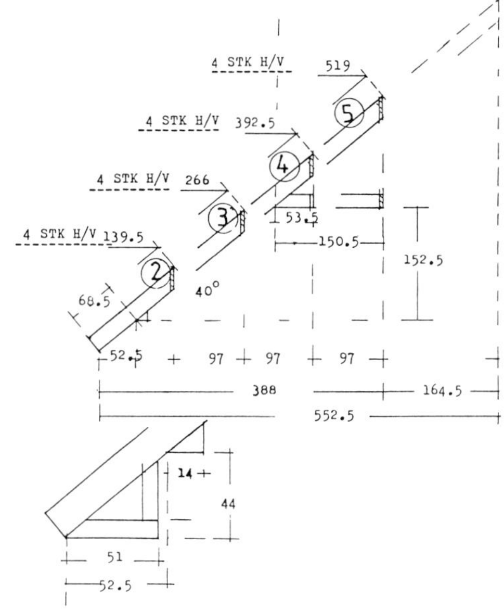

Zeichnung 16: Anfallpunkte (Befestigungspunkte) der Gratschifter am Gratsparren (Maßstab 1:50)

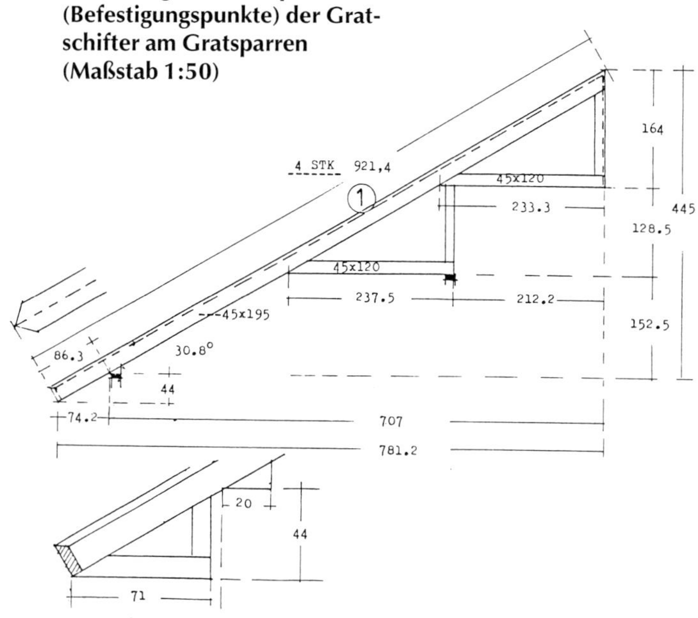

Zeichnung 17: Höhenanordnung und Länge der Gratsparrenzunge zum Auflageeckpunkt der Innenwand (unter Ziffer 1) (Maßstab 1:50)

106 Auflagepunkt des Gratsparrens im Eckpunkt der Außenwand

107 Befestigen der Gratschifter am Gratsparren

108 Befestigung der unteren beiden Gratschifter

109 Mit Winkelverbindern und Rillennägeln befestigte Gratsparren und Gratschifter

110 Verbindende »Zangen« zwischen Gratsparren und Wandeckpunkt

111 Montage der Gauben-Fensterelemente

112 Einpassen der Seiten-elemente

Wie aus der Abbildung 80 (s. S. 53) hervorgeht, sind die Giebel-Gauben-Fronten Teil der Außenwand. Diese Giebel-Gauben waren werkseitig in zwei Elementen (einschließlich Fenster) vorgefertigt und ließen sich ohne Kranhilfe auf dem Ringbalken montieren und seitlich durch dreieckige Elemente mit den Gratschiftern verbinden (s. Abb. 111–113).

113 Festmontierte Gauben-elemente (Fensterelemente)

114 Festlegen der Firstscheitellinie mit der Fluchtschnur

115 Montage des dritten Sparrengebindes auf den Kehlbohlen (auf den Gratschiftern flach aufliegend)

Auf dieses gekoppelte Fensterelement der Gaube und auf den beiden Seitenteilen konnten nun die ersten beiden, gleichgroßen Sparrengebinde des Gaubendaches aufgestellt und in Verbindung mit der Firstpfette des Gaubendaches lotrecht fixiert werden. Mit einer Fluchtschnur ist es dann möglich, die Höhe des Firstscheitelpunktes des Gaubendaches festzulegen (s. Abb. 114).
Diese Firstlinie ist wichtig, weil damit der Punkt festgelegt wird, auf dem die beiden Kehlbohlen der Giebel-Gaube spitz zulaufend montiert werden müssen. Die Kehlbohlen sind quasi eine fluchtgenaue Übertragung der Sparrengebinde auf die Walmfläche und damit tragendes Element für die Kehlschifter und später für die Dacheindeckung (s. Abb. 115).
Nach Abschluß der Gaubendach-Konstruktion wurde das stirnseitige Oberteil der Giebel-Gaube mit Hilfe eines Kranes auf das Fensterelement gesetzt und befestigt (s. Abb. 116).

116 Montage des stirnseitigen Oberteils der Giebel-Gaube

Unterdach und Lattung

Schon im Kapitel »Bauart und Konstruktion« wurde darauf hingewiesen, daß statt einer Unterspannbahn bituminierte *Holzfaserplatten* (nicht zu verwechseln mit bituminierten Hartfaserplatten) als Unterdach verwendet werden sollten. Eine Entscheidung übrigens, die das Ehepaar nach baubiologischer Beratung traf (Baubüro GmbH, Hamburg).
Diese nach DIN 68 752 als Unterdach zugelassenen, wind- und wasserdichten Naturfaserplatten schützen die später direkt darunterliegende Dämmung gegen Feuchtigkeit (Celit 4 D Unterdachplatte, Bautechnik Hirschhagen GmbH).
Im Gegensatz zu den Hartfaserplatten (s. Kapitel I, S. 31), die überlappend verlegt wurden, werden die Holzfaserplatten fugendicht aneinander gelegt. Das dafür speziell entwickelte Profil bietet auch in den Längsfugen Schutz vor unter das Ziegeldach gedrückter Nässe oder Kondensationsfeuchtigkeit (s. Zeichnung 18 und Abb. 117).
Auch wenn das Verlegeschema eine einfache Montage suggeriert, was für normale Satteldächer sicherlich zutrifft, so waren doch bei dieser Dachkonstruktion (Zeltdach mit vier Gaubendächern) zeitaufwendige Zuschnitte erforderlich (s. Abb. 118, 119).
Da die Holzfaserplatten in den Dachkehlen, also dort, wo zwei Dachflächen (in unserem Beispiel zwei Walmdachflächen) zusammenstoßen, nur auf Stoß, also ohne profilüberlappende Verbindung genagelt werden konnten, war eine zusätzliche Abdichtung erforderlich.
Hierfür wurden besandete Teerpappestreifen mit Bitumenkleber bestrichen und von unten nach oben überlappend in der Kehle verlegt (s. Abb. 120, 121).
Diese »Dichtungs-Technik« wurde nicht nur an den Kehlen, sondern auch auf den Graten, Gaubenfirsten und an den Dachanschlüssen angewendet (s. Abb. 122).
Bei Dachanschlüssen, wie in Abbildung 122 gezeigt, müssen die Dichtungsstreifen unter die Bleiabdeckung geschoben und verklebt werden, um sie nicht direkten Witterungseinflüssen auszusetzen.
Im Vergleich zur gewebeverstärkten Unterspannbahn, die überwiegend verwendet wird, sind diese Unterdachplatten in der Montage zwar arbeitsintensiver, aber dennoch vorzuziehen, weil sie den Wärmeschutz erhöhen und bei extremen Temperaturschwankungen besonders geeignet sind.
Sobald die Dachflächen winddicht eingedeckt waren, konnte mit der Lattung, die wiederum auf der Konterlattung auflag, begonnen werden. Zuvor mußte jedoch erst die Detailkonstruktion an der Traufe zum Abschluß gebracht werden.

117 Verlegte und am Sparren befestigte Holzfaserplatten mit Randprofil

118 Ausmessen einer winklig zu schneidenden Unterdachplatte

Die Verlegung:

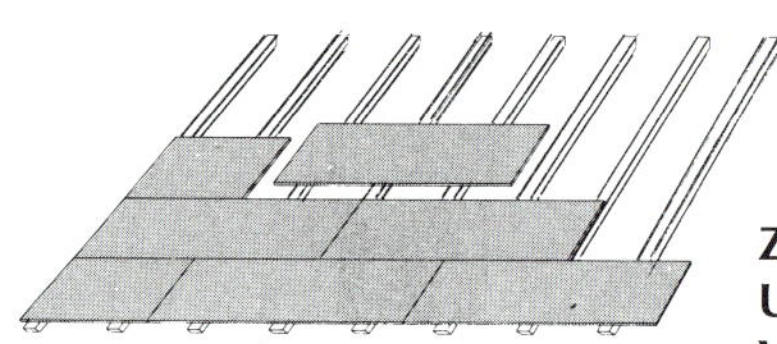

Das Profil:

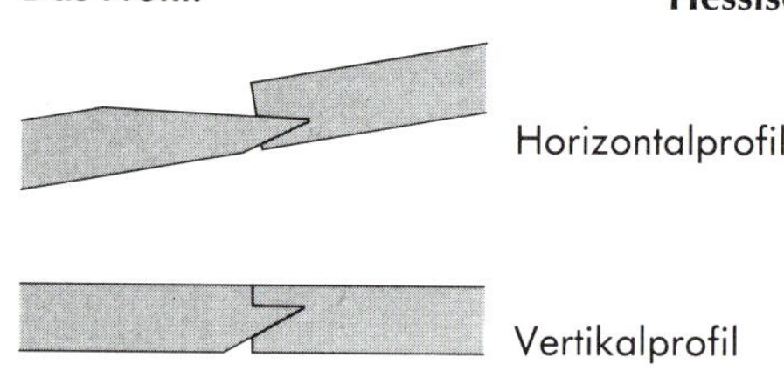

Zeichnung 18: Profil der Unterdachplatte (unten) und Verlegehinweis (oben) (Quelle: Ökologische Bautechnik Hirschhagen GmbH, Hessisch-Lichtenau)

119 Mit Unterdachplatten fugendicht (winddicht!) eingedecktes Gaubendach kurz vor der Fertigstellung

120 Teerpappestreifen zur Abdichtung der Dachkehle mit Bitumenkleber einspachteln

121 Kehlenstoß der Unterdachplatten überlappend abdichten

122 Abdichtung von Grat, Kehle und Dachanschluß mit Bitumenstreifen

Wie am Gaubendach in der Abbildung 119 zu erkennen ist, wurden die Unterdachplatten nicht bis zum Fußpunkt der Sparren verlegt. Dort war eine Sonderkonstruktion notwendig, um den witterungssensiblen Traufenbereich dauerhaft zu schützen (s. Abb. 123, 124).

Die Detailkonstruktion im einzelnen: Am Sparrenfußpunkt ist eine Dachlatte hochkant angenagelt worden (1), gegen die das oberste Brett der Traufenblende befestigt wurde (2). Die offene Fläche zwischen Unterdach und Blende wurde dann mit einer Sperrholzplatte (3) abgedeckt (auf der Dachlatte aufliegend). Da die Sperrholzplatte mit der Oberkante des Blendbrettes auf gleicher Höhe liegt, konnten darauf die in der Abbildung nicht sichtbaren Regenrinnenhalter montiert werden (4), die wiederum mit einer Leiste abgedeckt wurden (5), um eine Auflagefläche für das Traufen-Kantenblech (6) zu erhalten. Abschließend wurde diese Detailkonstruktion mit einer Teerpappe (7) vollflächig abgedeckt und unter die Unterdachplatten geschoben.

Nach Abschluß der Unterdach-Konstruktion an den Traufen konnte mit der Lattung begonnen werden, wobei zunächst die Abstandsleisten (Konterlattung) zu befestigen waren, auf die dann die Dachlatten befestigt wurden (s. Abb. 125) (Lattenabstand ist gleich Dachziegellänge abzüglich Mindestüberdeckung; siehe Kapitel I, S. 32).

Aufgrund der Zeltdachkonstruktion mit vier »Nebendächern«, den Gauben, mußten insgesamt acht Kehlen mit einer Unterkonstruktion für die wasserabführenden Kehlbleche versehen werden (s. Abb. 126, 127).

123 Unterdachkonstruktion an der Traufe

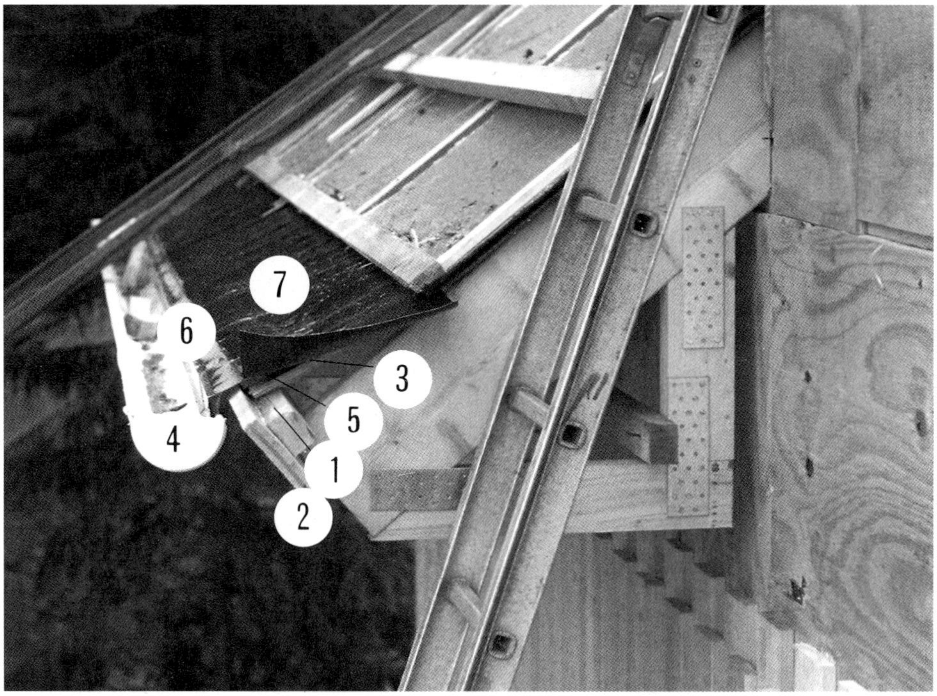

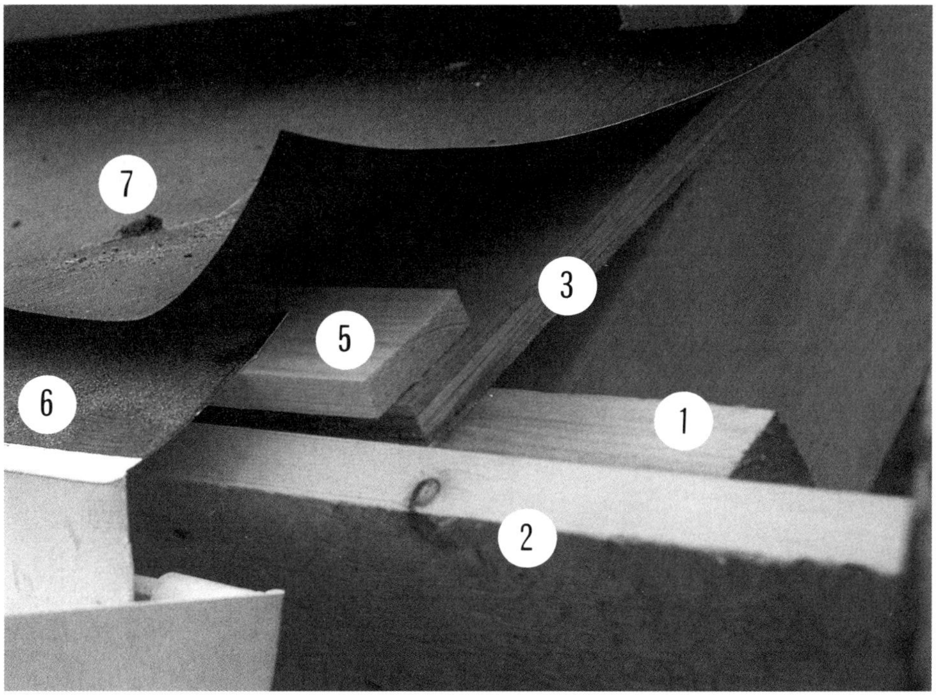

124 Konstruktionsdetails der Traufenabdeckung

125 Lattenabstand messen und markieren

126 Mit Bohlen eingedeckte Kehle; im Vordergrund die Firstlattung des Gaubendachs

127 Verlegen der Kehlbleche mit 8 cm Überlappung

Bevor mit der Ziegeleindeckung der Dachflächen begonnen werden konnte, waren noch folgende Detailarbeiten auszuführen:
An den Ortgängen der Giebel-Gauben waren Blenden aus sägerauher Stülpschalung anzubringen, die nach der Montage mit witterungsschützenden Profilblechen oben abgedeckt wurden. Diese Bleche sind zur Dachfläche hin mit einem Bleistreifen verbunden, mit dem die Ortgang-Dachziegel auf halber Ziegelbreite abgedeckt werden (s. Abb. 128).
Im Vordergrund dieser Abbildung ist ein kammähnliches Profil sichtbar, das auf das Traufblech genagelt wurde und verhindern soll, daß sich Vögel unter den Dachziegeln einnisten.
Da die Dachziegel trocken verlegt werden sollten, war es notwendig, die Grate des Zeltdachs und die Firste der Gauben mit hochkant montierten Latten zu versehen, um die Firstziegel mit den darunterliegenden Abdeckstreifen befestigen zu können. Aufgrund der Gratlänge war es notwendig, diese Latte auf eine Höhe einzufluchten (s. Abb. 129).

130 Ziegelabstand an der Trauf- und Firstlatte markieren und mit der Schlagschnur auf alle Dachlatten übertragen

128 Mit Profilblech abgedeckte Ortgang-Blende

129 Mit Fluchtschnur korrigierte Höhenflucht der Gratlatte

131 Verlegen der zugeschnittenen Kehlpfannen

132 Auslegen der zugeschnittenen Dachziegel am Grat

133 **Mit Ton-Dachziegel eingedecktes Dach und abgeschlossener Giebel-Gaube (Südseite)**

Dacheindeckung

Da bereits im ersten Kapitel die Dacheindeckung erläutert wurde, sollen hier nur jene Details beschrieben werden, die die bisherigen Informationen ergänzen.
So hat man sich bei diesem Dach vor dem Verlegen der Tonziegel die Mühe gemacht, jede Ziegellage von der Traufe bis zum First bzw. Grat exakt einzumessen und mit der Schlagschnur auf jeder Dachlatte zu kennzeichnen (s. Abb. 130).
Dadurch war es möglich, die Dachziegel in gleichen Abständen bis zur Kehle auszulegen, um die »Kehlziegel« so exakt wie möglich anzureißen und mit der Flex zuzuschneiden (s. Abb. 131).
Da die für den Kehlbereich zugeschnittenen Dachziegel kleiner und leichter sind, ist es notwendig, sie mit einem Bohrloch zu versehen und mit der Dachlatte zu verschrauben.
Das gleiche gilt auch für am Grat zu verlegende Pfannen, die ebenfalls einzeln anzureißen und zu schneiden sind. Erst nach dem genauen Zuschnitt werden sie durchbohrt und befestigt (s. Abb. 132).
Im gleichen Arbeitsgang wird auch der Grat mit Firstziegeln von unten nach oben eingedeckt. In der Abbildung 132 ist auch der Abdeckstreifen zu erkennen, der beidseitig mit einem Schaumgummiwulst unterlegt ist. Eine korrosionsbeständige Klammer sorgt dann für den sicheren Halt der (Grat-)Firstziegel.

Innenausbau

Aufgrund des hohen Vorfertigungsgrades, der auch die einseitig beplankten Innenwandelemente einschloß, reduzierte sich der Innenausbau auf folgende Arbeitsabläufe:

- Deckenverkleidung im Erdgeschoß
- Verlegen aller Elektro- und Installationsleitungen und -rohre, einschließlich der Entsorgungsrohre für die zentrale Staubsaugeranlage
- Dämmung aller Wände und Decken im Einblasverfahren bzw. Schüttung (isofloc)
- Beplankung aller Innenwände mit Gipskartonplatten
- Verlegen der Fußbodenbretter und Bodenfliesen

Zum Verkleiden von Decken mit Gipskartonplatten ist in der Regel eine Unterkonstruktion erforderlich, da die Deckenbalkenabstände so groß sind, daß die Platten durchhängen würden.
Deshalb wurden sägerauhe Schalbretter in einem Achsabstand von 31,2 cm an den Dachbalken festgenagelt, wofür in diesem Beispiel ein Druckluftnagler benutzt wurde (s. Abb. 134, 135).
Um die später einzubringende Decken-Wärme- und Schalldämmung gegen Feuchtigkeit zu schützen, deckte der Bauherr die Unterkonstruktion mit einer Dampfbremspappe ab, die überlappend angetackert und deren Stöße mit einem Naturkorkkleber verklebt wurden.
Unter diese Dampfbremspappe konnten nun die Gipskartonplatten mit den dafür geeigneten Schnellbauschrauben mit der Unterkonstruktion verbunden werden.

135 Schalbretter mit einem Druckluftnagler an den Deckenbalken befestigen

136 In der Erdgeschoßdecke verlegte Heizungsrohre und Elektrokabel; zwischen den Deckenbalken ist die Unterkonstruktion und die Dampfbremspappe zu erkennen

134 Einmessen der Abstände für die Unterkonstruktion

137 **Elektroinstallations- und Sicherungsschrank mit Zuleitungen, die später in den Wänden und unter den Fußböden verlegt werden**

Nach Abschluß der Deckenarbeiten begannen die Elektro- und Installationsarbeiten. Ohne auf die einzelnen Arbeitsgänge einzugehen, sei darauf hingewiesen, daß die Holzbauweise das Verlegen von Elektrokabeln, Heizungsrohren etc. erheblich erleichtert, weil die entsprechenden (noch nicht isolierten) Hohlräume in den Wänden und Decken vorhanden sind (s. Abb. 136–138).
Beim Verlegen von Rohren für die zentrale Staubsaugeranlage ist darauf zu achten, daß sie an den Befestigungspunkten (hier: an Außenwand-Ständer und Querriegel) vorher mit geräuschdämpfendem Filz zu umwickeln sind, um zu vermeiden, daß die Betriebsgeräusche übertragen werden (s. Abb. 138). Das Rohr konnte auf die Ständerkonstruktion montiert werden, weil eine zusätzlich aufgedoppelte Dachlatte (hochkant = 6 cm) diese Montage zuließ (die aufzudoppelnde Latte wurde notwendig, um die gewünschte Isolierdicke der Außenwand zu erreichen).
Deshalb konnten die Außenwände von innen erst nach dieser Aufdoppelung und nach Abschluß aller Installationen mit Zellulose »ausgeblasen« werden.

138 **Rohrinstallation der zentralen Staubsaugeranlage**

139 **Einblasen der Zellulose in die Gefache**

Dieser atmungsfähige Dämmstoff wurde im Sprühverfahren – vorher leicht befeuchtet – mit einem Luftschlauch in die Gefache geblasen (s. Abb. 139).
Mit diesem Einblasverfahren, das sich auch für Dachschrägen eignet, wird eine absolut winddichte Wärmedämmung erreicht; es setzt aber voraus, daß alle Außenwände und Dachschrägen winddicht konstruiert wurden. Anzumerken ist, daß die Winddichtigkeit der Außenhaut eines Holzhauses nicht nur für diese Art der Isolierung, sondern für alle wärmedämmenden Materialien gilt! Oder anders formuliert: Die Vorzüge eines Holzhauses gegenüber der Massivbauweise beginnen mit der *absoluten Winddichtigkeit der Außenwände und Dachschrägen*, die bereits bei der Außenwandmontage (und ihren Stoßabdichtungen) beginnt und durch die winddichte Montage des Unterdaches fortgesetzt wird! Dazu gehört auch, daß die schmalen Zwischenräume zwischen den Ständern der vorgefertigten Außenelemente von innen mit Kokosfasern (vor der Beplankung mit Gipskartonplatten) abgedichtet werden. Einfache Handgriffe, aber mit großer Wirkung! (s. Abb. 138 links).
Nach dem Einblasen der Zellulosedämmung in die Gefache der Innen- und Außenwände ist eine Austrocknungsphase von wenigen Tagen notwendig, um danach die Isolierung mit einem Spezialhobel wandeben »abzuhobeln«. Danach kann mit der Beplankung begonnen werden.
Diese Isoliertechnik ist aufgrund des hohen Arbeitsaufwandes zwar doppelt so teuer wie die herkömmliche Isolierung mit Mineralwolleplatten, hat aber den Vorteil der Winddichtigkeit und ist nicht mit dem Makel behaftet, krebserregend zu sein, wie es für Dämmstoffe aus Steinwolle im September 1993 amtlich bestätigt wurde (falls beim Verlegen keine Atemschutzmaske getragen wird; siehe: Der Spiegel 37/1993, S. 218 »Nadeln in der Brust«).
Der einzige Nachteil, wenn man von den höheren Kosten absieht, ist, daß diese Technik nicht in Eigenleistung erbracht werden kann (ausgenommen Boden- und Deckenschüttungen).
Einfacher dagegen ist die Verarbeitung dieses Isoliermaterials für Fußboden- bzw. Deckendämmung. In diesen Fällen kann die Zellulosewolle sackweise ausgeschüttet und mit einem Brett abgezogen werden (s. Abb. 140, 141).

140 Zwischen den Deckenbalken ausgeschüttete Zellulosedämmung (noch nicht abgezogen)

141 **Dielenfußboden auf Lagerhölzern, deren Zwischenräume mit Zellulosedämmung ausgefüllt sind**

In der Abbildung 141 ist bereits ein Teil der isolierten Fläche mit Fußbodenbrettern versehen. Es ist bekannt, daß Holzfußböden bei sachgemäßer Verlegung zu den wohnlichsten, dauerhaftesten und wirtschaftlichsten Bodenbelägen gehören. Sachgemäß verlegen heißt aber, daß jedes einzelne Brett fugendicht zu verlegen ist. Dies wird am ehesten erreicht, wenn man an jeder Nagelstelle das zu befestigende Brett mit Holzklotz und Keil fugendicht verspannt (s. Abb. 142).
Bei verdeckter Nagelung ist jedes Brett auf jedem Balken mit einem Nagel, bei sichtbarer Nagelung mit zwei Nägeln zu befestigen, wobei die Nagellänge der dreifachen Brettdicke entsprechen soll. Um zu verhindern, daß die Dielen während der Heizperiode schwinden, ist beim Kauf darauf zu achten, daß die Holzfeuchte nicht mehr als 15% beträgt; ideal wären 12% Holzfeuchte. Und da die Dielenfläche aufgrund wechselnder Raumfeuchte »arbeitet«, sollte am Wandanschluß eine Fuge von 6–8 mm belassen werden, die später mit der Fuß- und Fegeleiste abgedeckt wird.

142 **Mit einem Keil fugendicht gedrücktes Fußbodenbrett**

Abschließende Außenarbeiten

Hierzu gehören die Verbretterung der Traufenunterkante (Unterschlag), die Ergänzung fehlender Deckelschalung an der Außenwand und die seitliche Verkleidung der Dachüberstände.
Der Unterschlag ist relativ problemlos anzubringen, da die vormontierte Winkelkonstruktion am Fußpunkt der Gratsparren und -schifter keine weiteren konstruktiven Ergänzungen erfordert (vergleiche Abb. 106 und 123).
In der Zeichnung 19 ist rechts die Traufenblende unterhalb der ersten Dachziegelreihe zu erkennen, die vor dem Verlegen der Dachpfannen montiert wurde. Der Unterschlag verbindet Blende und Außenwand in waagerechter Linie.
Für die Blende und den Unterschlag wurden beidseitig gehobelte Nut- und Federbretter verwendet. Da die Unterschlagbretter im Traufeneckpunkt gleichwinklig zusammenstoßen sollten, waren die Bretter im 45°-Winkel zuzusägen und einzupassen (s. Abb. 143).
Nach der Unterschlagmontage wurde die Lücke zwischen Deckelschalung (Außenwand) und Unterschlag mit einem Querbrett geschlossen (in Zeichnung 19 nicht eingezeichnet) (s. Abb. 144).
Nach Montage der Traufenblende und des Traufenunterschlags fehlte noch die seitliche Verkleidung des Dachüberstands.
Unterschlag- und Blendbretter waren mit einem Überstand befestigt worden, so daß eine Unterkonstruktion für die Verkleidung möglich war (s. Abb. 145). Diese Unterkonstruktion war notwendig, weil die Lochbleche eine solide Befestigung der Verkleidung sehr erschwert hätten.
Mit einer Tischlerschmiege wurde dann der wandseitige Winkel auf das Verkleidungsbrett übertragen, das Brett angepaßt und für den endgültigen Zuschnitt markiert (s. Abb. 146).
Nach diesem ersten, im Dachneigungswinkel zugesägten Brett konnten nun alle weiteren Nut- und Federbretter zugeschnitten und mit verzinkten Stiften angenagelt werden. Da die Bretter nur wandseitig winklig zugesägt waren, mußten sie unten und seitlich mit dem Fuchsschwanz – nach vorher angerissenen Schnittlinien – auf ihre endgültige Form freigesägt werden (s. Abb. 147).
Zu den abschließenden Holzarbeiten gehörte auch, die Lükken in der Außenverschalung zu schließen. Aufgrund der vormontierten Außenwandelemente mußten die Stöße der Baufurnierplatten mit dauerelastischer Fugenmasse winddicht abgespritzt und danach mit der fehlenden Deckelschalung versehen werden.

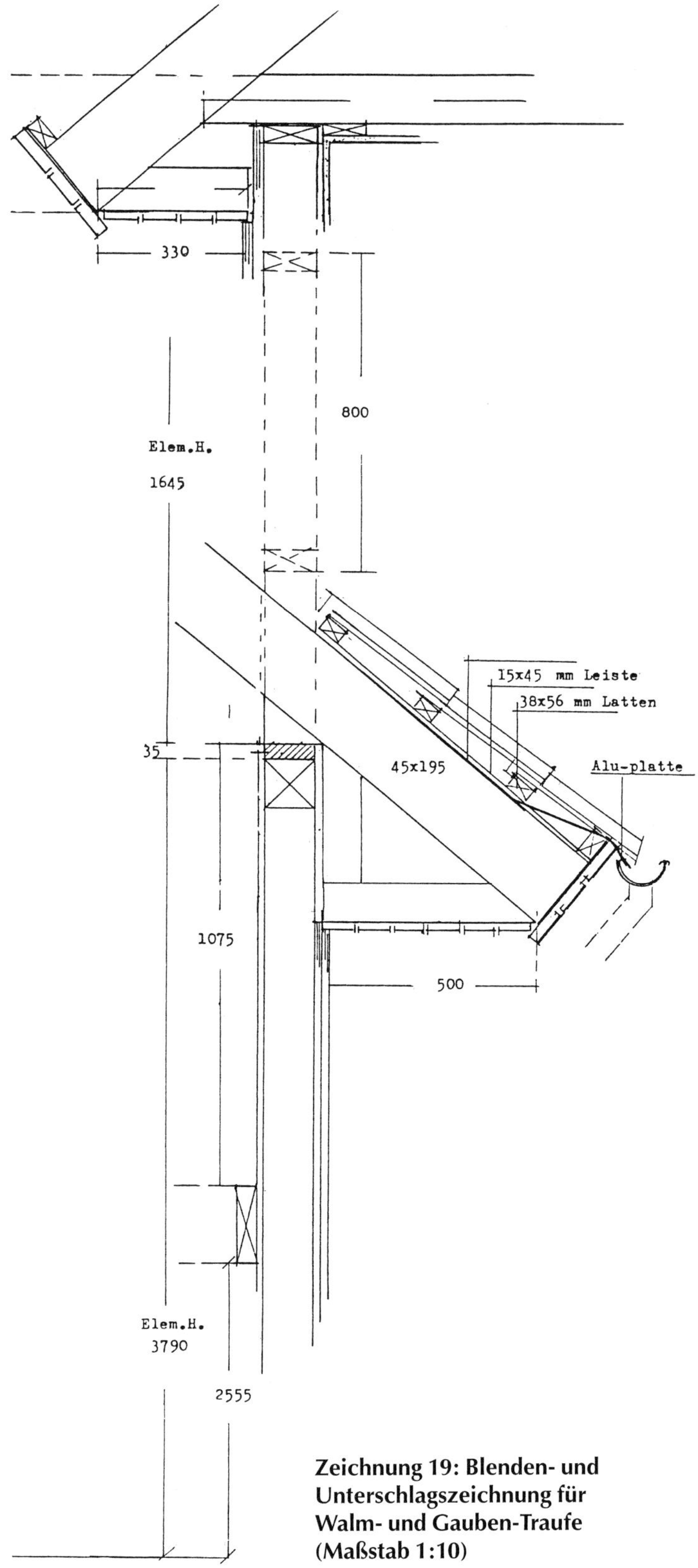

Zeichnung 19: Blenden- und Unterschlagszeichnung für Walm- und Gauben-Traufe (Maßstab 1:10)

143 Einpassen eines Unterschlagbrettes nach dem Zuschnitt

144 Befestigen des Querbrettes zwischen Unterschlag und Außenwandverkleidung

145 Unterkonstruktion für die Verkleidung

146 Winklig zugesägtes Brett, auf Unterkonstruktion und Traufenblende aufliegend, zum Ablängen markieren

147 Befestigte Verkleidungsbretter mit dem Fuchsschwanz kantenbündig sägen

Kosten und Eigenleistungen

In konventionell gebauten Häusern werden 80% des Energieverbrauchs privater Haushalte allein für die Raumheizung verbraucht. Welches Energie-Einsparungspotential möglich ist, soll folgender Vergleich deutlich machen:

- **Altbauten** benötigen im Jahr 22–27 Liter Heizöl je m^2 Wohnfläche (entspricht: 220–270 Kilowattstunden/kWh)
- **Neubauten** unter Beachtung der Wärmeschutzverordnung, die seit 1982 (!) für alle Bauvorhaben gilt, benötigen noch 15–18 Liter Heizöl im Jahr (150–180 kWh/m^2)
- **Niedrig-Energie-Häuser** benötigen aber nur 3–7 Liter Heizöl im Jahr (30–70 kWh/m^2).
  Für das hier vorgestellte Haus betragen die Jahresenergiekosten (Gas) für Heizung und Warmwasser bei einer Nutzfläche von 200 m^2 (inkl. Werkstatt) zwischen DM 900,– und DM 1100,–. Somit liegt der Heizkostenbetrag bei DM 5,– je m^2 Wohn-/Nutzfläche und Jahr.

Obwohl die Wärmeschutzverordnung von 1982 noch nicht aktualisiert wurde (vgl. dazu jetzt die Seiten 156–158), sind die Bundesländer von sich aus aktiv geworden, indem sie Richtlinien zur Förderung von Niedrig-Energie-Häusern verabschiedeten, die zur Senkung des Heizenergie-Bedarfs beitragen sollen. Damit wird der Neubau von Niedrig-Energie-Häusern gefördert, indem Bauwilligen ein Teil der durch diese Bauweise entstehenden Mehrkosten erstattet wird. Die Mehrkosten entsprechen etwa 6–10% der sonstigen Baukosten.
Die Gewährung von Fördermitteln (bis zu DM 15 000,–; Stand 1993) ist allerdings von *Bautechnischen Voraussetzungen* abhängig.
In der Hansestadt Hamburg beispielsweise darf der Wärmebedarf nach DIN 4701 einen Wert von 40 kWh/m^2 Wohnfläche nicht überschreiten.
Zusätzlich ist eine »kontrollierte Lüftung« zu installieren, *die eine wind- bzw. zugdichte Ausführung der gesamten Gebäudehülle voraussetzt!*, weshalb der Anerkennung eines Niedrig-Energie-Hauses in der Regel eine Winddichtigkeits-Prüfung vorausgeht.

Für den Bauherren heißt dies: Er muß erstens für eine winddichte äußere Gebäudehülle (Außenwände und Dach), zweitens für ein winddichtes Verlegen (bzw. Abkleben) aller Unterputz-Installationen, die die Dampfbremsfolie oder -pappe durchbrechen, Sorge tragen.
Darüber hinaus ist ein schnell regelbares Nieder-Temperatur-Heizsystem (Brennwertbetrieb) zu installieren. Da die bautechnischen Voraussetzungen in den einzelnen Bundesländern noch nicht einheitlich geregelt sind, ist dem interessierten Leser der Kontakt mit der jeweiligen Landesbehörde zu empfehlen.
Für Bausatz und Montage dieses Einfamilienhauses, das nach einer Winddichtigkeitsprüfung als Niedrig-Energie-Haus anerkannt und mit DM 14 000,– gefördert wurde, müssen ca. DM 240 000,– veranschlagt werden (ohne Isolierung). Aufgrund des hohen Anteils an Eigenleistungen konnten die Gesamtkosten auf ca. DM 320 000,– begrenzt werden (Feuerversicherungswert DM 480 000,–).
Zu den Eigenleistungen gehörten:

- Einbau der Niedrigtemperatur-Fußleisten-Heizung
- Montage der zentralen Staubsaugeranlage
- Verlegen aller Sanitär- und Elektroinstallationen
- Alle Maler-, Fliesen- und Fußbodenendbehandlungsarbeiten
- Einbau einer Regenwassernutzungsanlage für WC, Waschmaschine und Gartenbewässerung.

148 Verkleideter Dachüberstand mit witterungsschützendem Abdeckprofil

III. Einfamilienhaus in der Holzrahmenbauweise

Einleitung

Entstehung der Holzrahmenbauweise

Die »deutsche« *Holzrahmenbauweise* hat ihren Ursprung in der nordamerikanischen *Timber-Frame-Construction* (Holz-Rahmen-Konstruktion), nach der fast alle Wohnhäuser in den USA und Kanada (85%) gebaut wurden und werden. Diese Bauweise dominiert also in allen Klimazonen des nordamerikanischen Kontinents, von Florida bis Alaska. Um die Detailkonstruktion dieses Bausystems und dessen handwerkliche Solidität vor Ort kennenzulernen, hat sich der Autor zu Recherchen in Kalifornien und Alaska aufgehalten. Dazu gehörte auch die mehrmonatige Mitarbeit am Bau zweier Einfamilienhäuser in Kanada. Interessant waren aber nicht nur handwerkliche Abläufe, die mit erstaunlicher Sorgfalt ausgeführt wurden, sondern auch eine Besonderheit, die in Deutschland noch nicht genehmigt ist: Ein Fundament aus Holz!
Die Abbildungen 149–151 sind Teil des Montageablaufs eines Einfamilienhauses in Kanada, wobei auffällt, daß die Ständerbauweise mit Leimbindern kombiniert wurde, um eine ungewöhnliche Architektur zu realisieren.

149 Nordamerikanische Timber-Frame-Construction (hier: Schwelle, Ständer, Rähm)

150 Außen- und Innenwandständerkonstruktion mit Rähmen und Horizontalträgern aus brettschichtverleimtem Holz (Leimbinder)

151 Dachstuhlmontage mit jeweils zwei Mittelpfetten aus Leimholz

Von der »Timber-Frame-Construction« zum Holzrahmenbau

Um die nordamerikanische Holzbauweise in Deutschland anwendbar zu machen, war eine Anpassung an geltendes Baurecht und bewährte Holzbaukonstruktionen notwendig. Daraus entstand Anfang der 80er Jahre das Standardwerk »Holzrahmen-Bau« (Herausgeber: Bund Deutscher Zimmermeister; Bruderverlag, Karlsruhe 1985).
Dieser »Konstruktions-Katalog« listet geeignete Baumaterialien auf (Vollholz, Spanplatten, Sperrholz, Gipskarton-, Gipsfaserplatten, Mineralfaserdämmstoff), definiert die Bauweise, zeigt detailliert die Bauteile mit einer Vielzahl gestalterischer und konstruktiver Varianten, gibt Bemessungen an und erläutert die Bauschritte. Er dient als planerischer Baukasten, aus dem sich der Bauherr, der Architekt und der Zimmermeister bei ihrer Zusammenarbeit das Wunschhaus zusammenstellen können.
Wer sich als künftiger Bauherr für die Holzrahmenbauweise interessiert, sollte dieses sehr detailfreudige Buch intensiv durcharbeiten!

Bausystem

Im deutschen Holzrahmenbau sind Ständer, Schwellen und Rähm auf einen Querschnitt von 6 × 12 cm standardisiert. Dabei werden die Ständer in einem Achsabstand von 62,5 cm mit Schwelle und Rähm verbunden und über Span- oder Sperrholzplatten ausgesteift.
Mit diesem Ständerabstand hat man sich den Abmessungen der industriell hergestellten Bauwerkstoffplatten angepaßt, um die Beplankung werk- oder bauseitig zu erleichtern.
Die wichtigsten Verbindungsmittel sind Nägel, Winkelverbinder, Lochbleche und Betonanker.
Da der Querschnitt der Ständerkonstruktion von 6 × 12 cm keine für ein Niedrig-Energie-Haus ausreichende Dämmung ermöglicht, wird entweder ein größeres Querformat verwendet oder die Innenseite der Außenwand mit Dachlatten aufgedoppelt, so daß Dämmstärken bis 180 mm (und darüber hinaus) möglich sind.
Für Deckenbalken werden im Holzrahmen-Katalog Hölzer mit einem Querformat von 6 × 22 cm empfohlen, die ebenfalls im 62,5-cm-Raster montiert und oberseitig mit Holzwerkstoffplatten (Sperrholz- oder Spanplatten) beplankt werden, um die statisch notwendige Scheibenwirkung zur Aussteifung der Außenwände zu gewährleisten.
Da mit dem standardisierten Balkenformat (6 × 22 cm) die Spannweiten begrenzt sind, lassen sich, wie am nordamerikanischen Beispiel gezeigt, längere Stützweiten durch den Einbau von Leimholzbindern erreichen.

Herstellungsarten

Im Holzrahmenbau unterscheidet man drei Herstellungsarten, deren Vorfertigungsgrade die *Montagezeit* erheblich beeinflussen und damit auch die Witterungsabhängigkeit auf der Baustelle definieren. Zum besseren Verständnis dieser Herstellungsarten nachfolgend die schematische Darstellung eines Bauablaufs im Holzrahmenbau (vgl. auch Zeichnung 20):

Unter dem Gesichtspunkt möglicher Eigenleistungen und damit verbundener Kosteneinsparungen entfällt die Alternative C, so daß Bauwillige zwischen Bauablauf A und B zu entscheiden haben.

Im folgenden Beispiel wird die Alternative A beschrieben, um die »ursprüngliche« Holzrahmenbauweise darzustellen, wie sie von jedem örtlichen Zimmereibetrieb ausgeführt werden kann; außerdem bietet diese Alternative ein Maximum an Eigenleistungen.

A Zimmerei ohne Montagehalle	B Zimmerei mit Montagehalle	C Industriebetrieb (Fertighaushersteller)
↓	↓	↓
Abbund der Hölzer in der Zimmerei	Abbund und Wandmontage mit Beplankung	Werkseitige Fertigung kompletter Wände, Decken und Dachelemente
↓	↓	↓
Holzrahmen-Montage und Beplankung auf der Baustelle	Montage der Wandelemente auf der Baustelle	Montage der Fertighaus-Elemente auf der Baustelle
↓	↓	↓
Bauseitiger Holzrahmenbau (s. Abb. 152)	Vorfertigung der Wandelemente in der Montagehalle (s. Abb. 153)	Montage eines Fertighausteils auf der Baustelle (s. Abb. 155)
	↓	
	Montage eines Außenwandelements auf der Baustelle (einseitig beplankt) (s. Abb. 154)	

152 Bauseitiger Holzrahmenbau

153 Vorfertigung der Wandelemente in der Montagehalle

154 Montage eines Außenwandelements auf der Baustelle (einseitig beplankt)

155 Montage eines Fertighausteils auf der Baustelle

Planungsvorbereitungen des Bauherren

Bevor mit der individuellen Planung des Hauses begonnen wurde, waren zwei Jahre notwendig, um das »optimale« Grundstück zu finden. »Optimal« hieß: Das Grundstück sollte zentral liegen, um alle Besorgungen ohne Zweitwagen (Kosten!) erledigen zu können und den späteren Schulgang der heranwachsenden Kinder zu erleichtern. Optimal hieß aber auch, daß das Grundstück eine Bebauung zuließ, bei der ein Maximum an Sonnenenergie und -licht eingefangen werden konnte.
Erst nach dem Erwerb begann das Ehepaar mit der Planung, bei der folgende Kriterien im Vordergrund standen:

- Finanzierbarkeit des Hauses
- Hoher Anteil an Eigenleistungen
- Geringe Heizkosten (Niedrig-Energie-Haus)
- Individuelle Architektur
- Kurze Bauzeit

Daraufhin wurden Gespräche mit Bauunternehmen, darunter auch Zimmereibetriebe, geführt und die Fachliteratur studiert, wonach der Entschluß gefaßt wurde, das Einfamilienhaus in der Holzrahmenbauweise herstellen zu lassen.
Da der Bauherr das Architektenhonorar bereits in der Planungsphase ausschließen wollte, begann er zusammen mit seiner Ehefrau die Detailplanung zu diskutieren und mit Hilfe eines Computers in Zeichnungen umzusetzen, deren endgültige Ausführungen Teil des Bauantrags wurden (s. Zeichnungen 21–26; Quelle: Dirk Lorenzen, Sörup).
Abgesehen von den individuellen Gestaltungswünschen hinsichtlich der Raumaufteilung im Erdgeschoß und Obergeschoß wurde Wert darauf gelegt, die Nordseite soweit wie möglich gegen winterliche Witterungseinflüsse abzuschotten, weshalb das Dach so weit heruntergezogen wurde, daß auch der Eingangsbereich geschützt war.
Die Planung der Südseite wurde bewußt nach dem Prinzip der »passiven Solar-Nutzung« konzipiert, um in der kälteren Jahreszeit ein Maximum an Sonnenwärme einzufangen.
Wie sehr Planung und Realität übereinstimmen können, zeigt die folgende Abbildung, in der der Einfallswinkel des Sonnenlichts im Oktober zu erkennen ist (s. Abb. 156).
Das belegen auch folgende Zahlen: Die jährlichen Heizkosten betragen bei einer Nutzfläche von 160 m^2 zwischen DM 600,– und DM 700,–. Somit liegt der Heizkostenbetrag bei DM 5,– je m^2 Wohn-/Nutzfläche und Jahr.

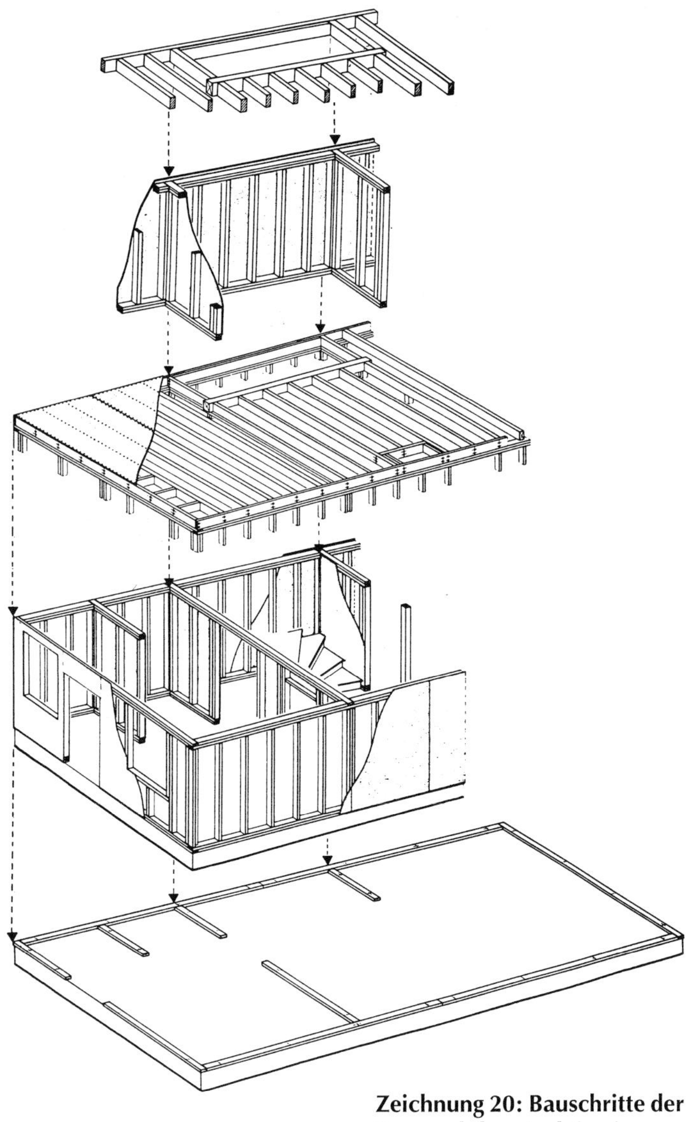

Zeichnung 20: Bauschritte der Tragwerkskonstruktion im Holzrahmenbau (Quelle: Bund Deutscher Zimmermeister [Hg.] Holzrahmenbau)

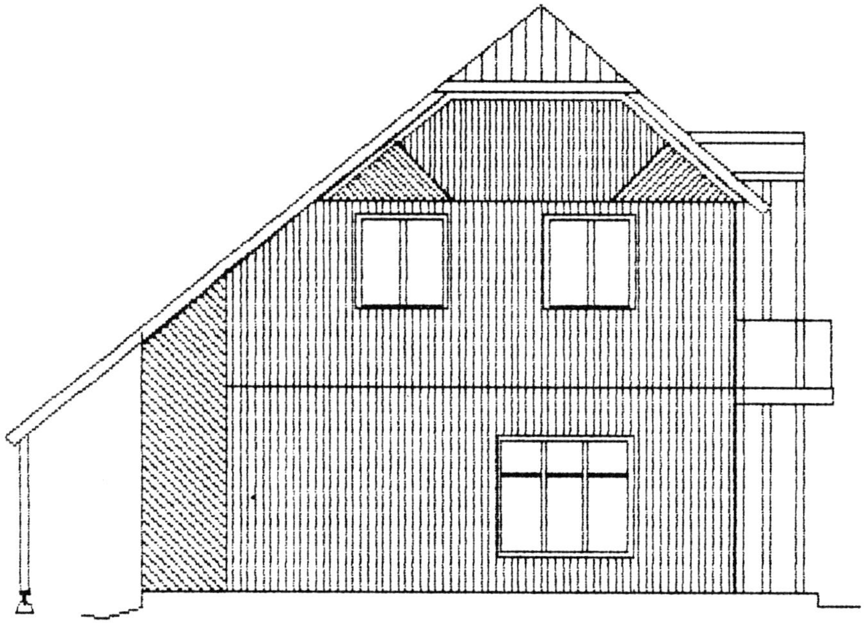

Zeichnung 21: Ansicht Westen
(Maßstab 1:100)

Zeichnung 22:
Ansicht Süden
(Maßstab 1:100)

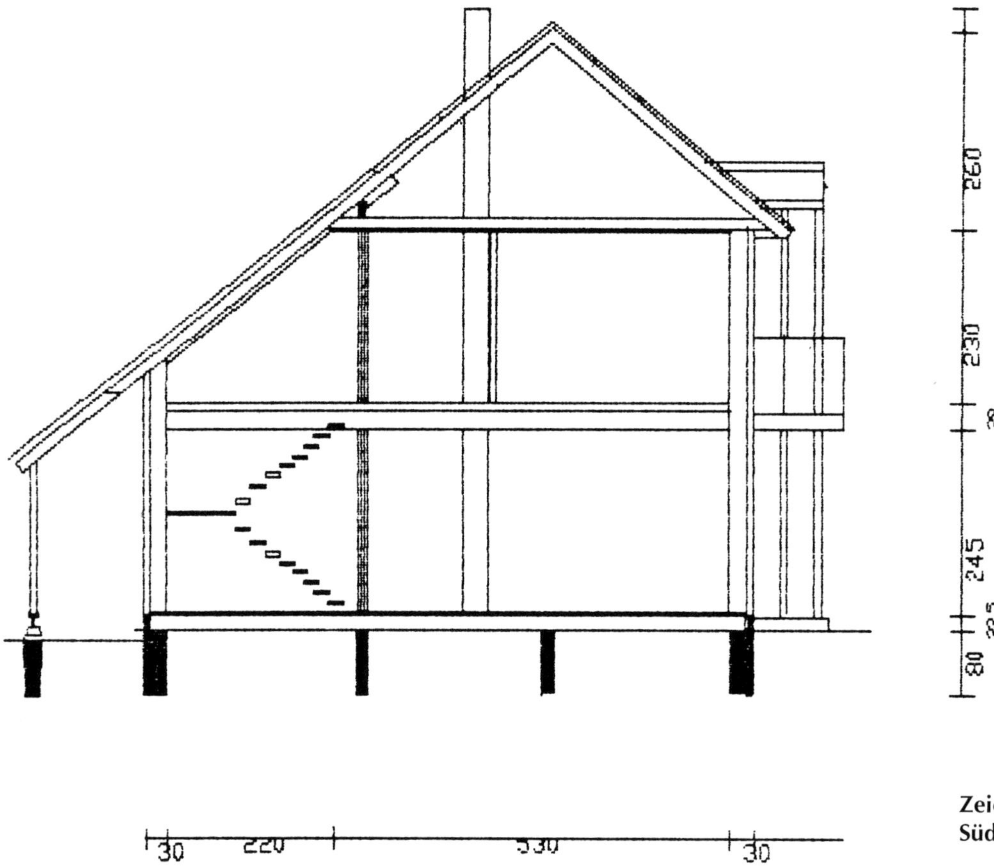

Zeichnung 24: Schnitt Nord-Süd (Maßstab 1:100)

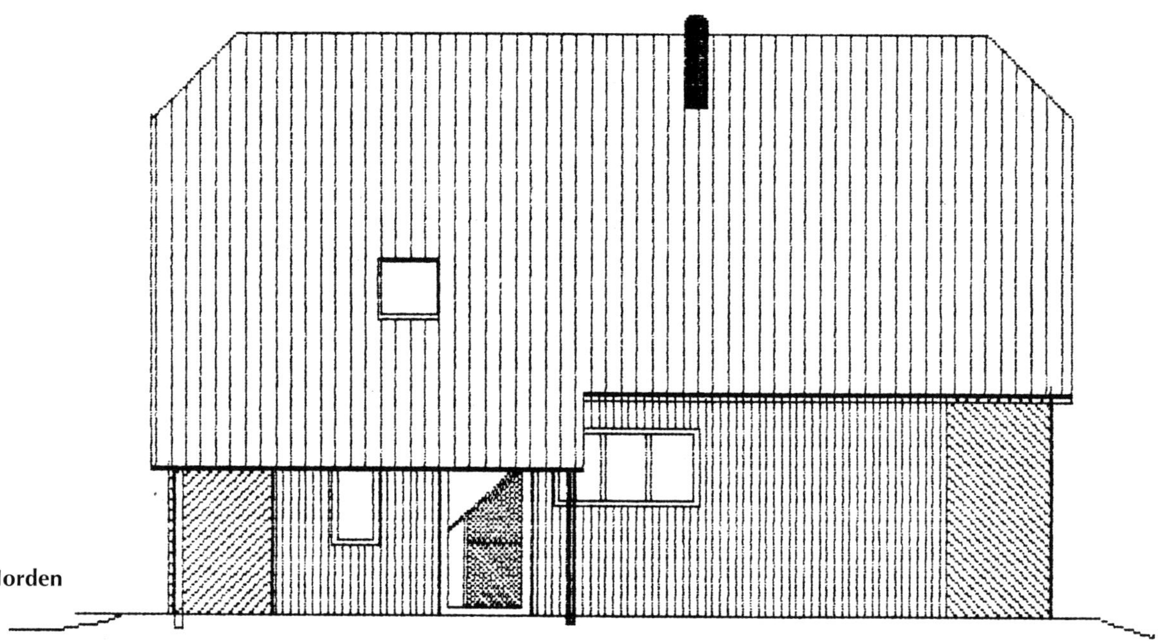

Zeichnung 23: Ansicht Norden (Maßstab 1:100)

156 Südfassade des fertigen Hauses mit Lichteinfallswinkel (Oktober)

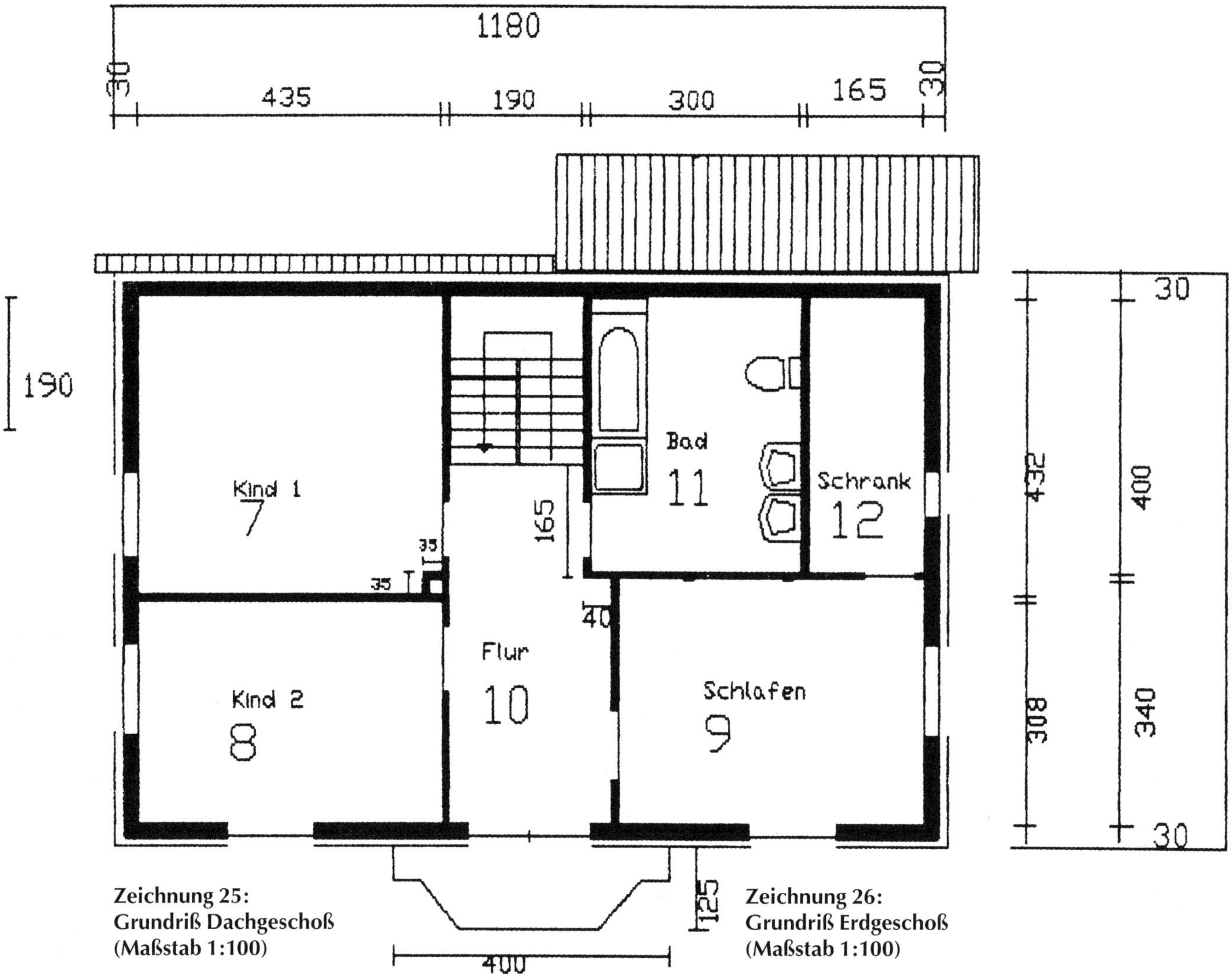

Zeichnung 25:
Grundriß Dachgeschoß
(Maßstab 1:100)

Zeichnung 26:
Grundriß Erdgeschoß
(Maßstab 1:100)

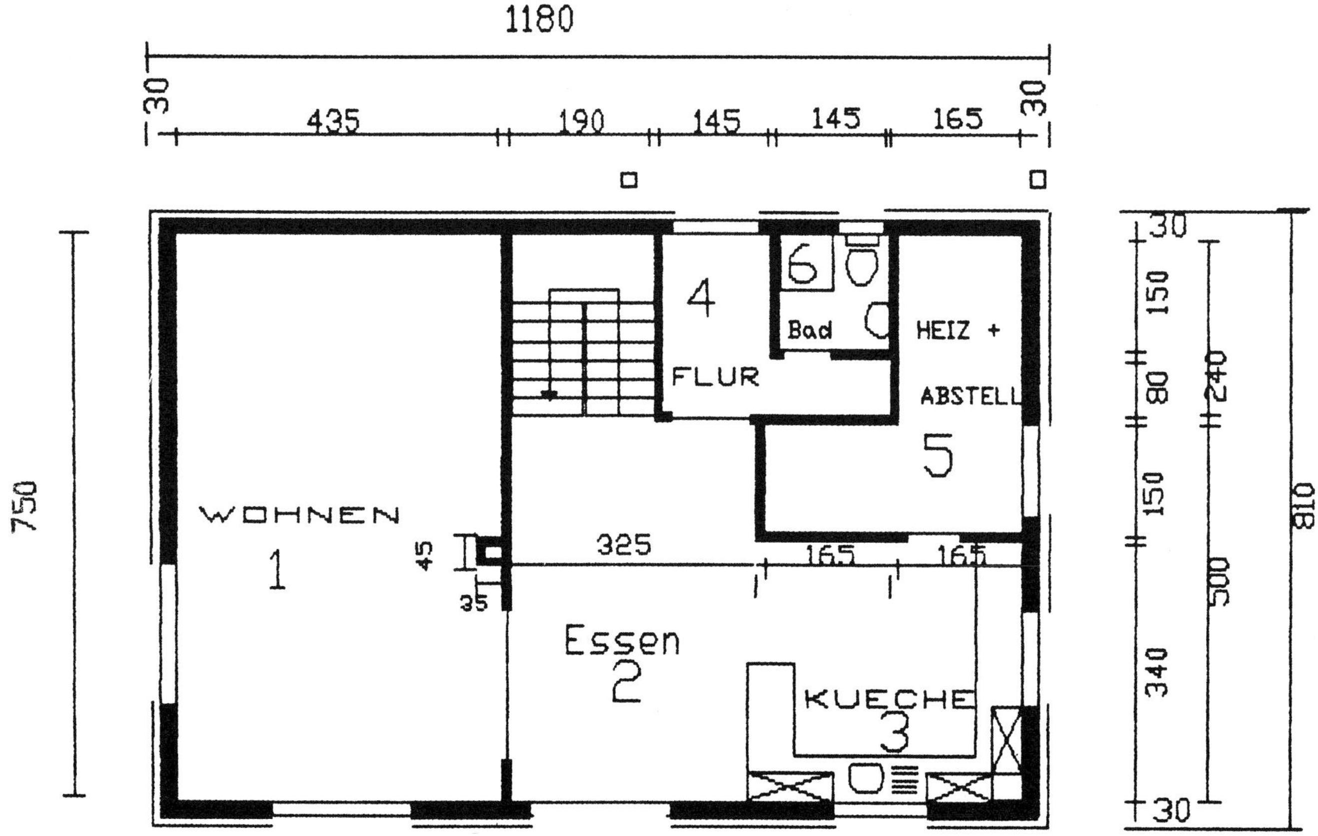

Fundamentplanung und Ausführung

Nachdem die Planung des Hauses abgeschlossen war, wofür sich der Bauherr – ohne Unterstützung eines Architekten – ein Jahr Zeit nahm, und die Baugenehmigung vorlag, konnte mit dem Bau begonnen werden.
Während der ortsansässige Zimmermeister die Detailzeichnungen für den Abbund übernahm und die Komplett-Montage des Holzrahmen-Bausatzes vorbereitete, konzentrierte sich der Bauherr auf die Planung und Ausführung des Streifen-Fundaments.
Als Planungsgrundlage für das Einmessen und Abstecken des Fundaments genügte dem Bauherren der Grundriß und der genehmigte Lageplan (s. Zeichnung 27; Quelle: Dirk Lorenzen, Sörup).
In dem Lageplan ist nicht nur die Lage und Größe des Hauses genau festgelegt, sondern es sind auch alle Angaben über die Anliegerstraße, Grundstücksgrenzen und Mindestgrenzabstände ersichtlich; zusätzlich sind die Schmutz- und Regenwasserableitungen einzuzeichnen.
Künftigen Bauherren ist zu empfehlen, zusätzlich eine maßstabsgetreue Schnittzeichnung der Entwässerung anzufertigen, um sicherzustellen, daß die frostfrei zu verlegenden Entsorgungsrohre (Regen- und Schmutzwasserleitungen) vom künftigen Haus bis zum Einlauf im Straßenschacht ausreichend Gefälle haben (0,5–1,0%). Das setzt zwar Höhenmessungen voraus; diese sind aber für die Ermittlung der endgültigen Fundamenthöhe (Oberkante Fundament [OKF] bzw. Oberkante Fertigfußboden [OFF]) sowieso erforderlich.
Wenn diese örtlichen Gegebenheiten bereits in der Bauplanung ignoriert werden, kann es passieren, daß das Baugelände soweit aufzuschütten ist, bis das notwendige Höhenniveau für die Entwässerung erreicht ist.
In diesem Beispiel war das Höhenniveau des leicht abschüssigen Baugrundstücks im Verhältnis zur Sohle im Abwasserkanal der Straße für eine Fundamentplatte nicht hoch genug; die zu verlegenden Entsorgungsrohre hätten zur Straße hin kein ausreichendes Gefälle gehabt.
Anstatt das Baugelände aufzuschütten, entschloß sich der Bauherr für ein etwas höheres Streifenfundament, das auch noch einen Kriechkeller zuließ.
Vor der Höhennivellierung war aber das Fundament nach den Angaben im Lageplan einzumessen. Die wichtigsten Ausgangspunkte dafür sind die Grenzsteine, der Straßenverlauf, das Höhenniveau der Straße und die einzuhaltenden Mindestgrenzabstände.

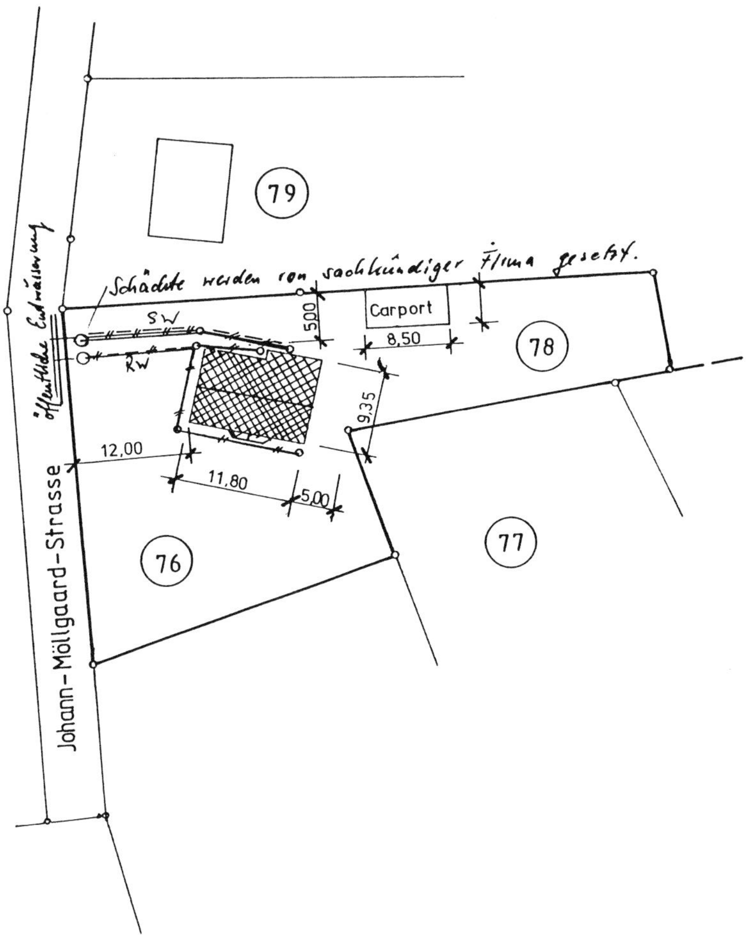

Zeichnung 27: Lageplan

Die Absteckung der Fundamenteckpunkte erfordert folgende Arbeitsgänge:[3]

- Festlegen der Bezugslinie, auch Absteckungsachse genannt. Das kann die Straßenmitte, Straßenkante oder eine Grundstücksgrenze sein (Grenzsteine unbedingt überprüfen!)
- Einmessen der ersten Fundamentlinie (Baulinie) unter Einhaltung des Mindestgrenzabstandes
- Fundamenteckpunkte auf dieser Linie festlegen, durch Pflöcke kennzeichnen und von diesen Punkten aus die Gebäudewinkel (Fundament) austragen (Winkelschlag)
- Einmessen der verbleibenden Fundamentlinien und mit Pflöcken markieren
- Rechtwinkligkeit durch Diagonalmessung überprüfen, gegebenenfalls Pflöcke korrigieren
- Mindestgrenzabstände nochmals überprüfen (um späteren Ärger mit den Nachbarn zu vermeiden!)
- Schnurgerüste an jeder Fundamentecke aufstellen
- Höhen einmessen und am Schnurgerüst (an den Schnurböcken) markieren. Die Oberkante Fundament (OKF) oder Oberkante Fertigfußboden (OFF) wird nach dem Höhenniveau der Straße, in der Regel die Deckeloberkante eines Straßensiels (Höhenbezugspunkt), eingemessen. Das Schnurgerüstbrett (Oberkante) entspricht dann diesem Höhenniveau.

Diese Höhenübertragung von der Straßenoberkante auf das Schnurgerüst wird in der Regel mit einem Nivelliergerät ausgeführt, kann aber auch mit einer Schlauchwaage eingemessen werden.
Sobald das Höhenniveau der Straße am Schnurgerüstbock markiert ist, mißt man die Distanz zwischen Sieloberkante und der Sohle des Abflußrohres im Abwasserschacht der Straße (unterer Punkt des Einlaufs). Mit Hilfe dieses Maßes und der Entfernung zwischen Straßensiel-Einlauf (Sohle) und dem Abflußrohrstutzen im künftigen (Haus-)Fundament kann die Einlaufhöhe des Schmutz- und Regenwasserrohres exakt festgelegt werden, wobei das Gefälle von 0,5 bis 1,0% und die frostfreie Verlegung dieser Rohre einzuhalten sind.
In diesem Beispiel hat der Bauherr den Höhenpunkt der Straße übernommen, aber um 15 cm am Schnurgerüst (Fundamentoberkante) erhöht, um für das Schmutzentwässerungsrohr ein Gefälle von 1,0% einzuhalten.
Das hatte zur Folge, daß dieses Abflußrohr nicht *unter* dem Streifenfundament, sondern *durch* das Streifenfundament und den frostfreien Kriechkeller zu führen war.
Anzumerken ist, daß die Streifenfundamente später, nach der hausumlaufenden Dränageverlegung, von außen soweit aufgeschüttet wurden, daß die Abflußrohre in frostfreier Tiefe lagen.

Nachdem der Höhenriß (hier: Straßenniveau + 15 cm) auf alle Schnurgerüste übertragen worden war, wurden die Schnurgerüstbretter höhengleich an den Böcken befestigt und die Fluchtschnüre für die Fundamentaußenkanten straff gespannt. Aufgrund dieser, die Fundamentoberkante und Fundamentfläche markierenden Fluchtschnüre konnte nun die Tiefe des Bodenaushubs bis zur Fundamentsohle exakt festgelegt werden.
Nach dem Bodenaushub wurden die vorher gelösten Schnüre wieder befestigt und nochmals auf ihre Rechtwinkligkeit durch Diagonalmessung überprüft und in den Eckpunkten auf die Fundamentsohle heruntergelotet.
Diese Eckpunkte wurden wiederum mit Fluchtschnüren verbunden und zwar in Höhe der ersten in erdfeuchtem Magerbeton zu verlegenden Fundamentsteine (Kellerwandsteine) (s. Abb. 157).
Nachdem die erste Lage verlegt war, wurde sie mit umlaufenden Bewehrungseisen versehen. Danach konnten die verbleibenden Lagen bis zur Fundamentoberkante gesetzt werden, wobei die letzte Lage ebenfalls mit Bewehrungseisen versehen wurde. Rohrdurchführungen für die Schmutzwasserentsorgung wurden freigelassen.
Aufgrund der Fundamenthöhe von ca. 120 cm entstand ein sogenannter Kriechkeller, der es den Bauherren später ermöglichte, einmal jährlich die Balkenlage des Erdgeschoßes und die Abwasserrohre zu überprüfen. Weil dem Bauherren diese Kontrollmöglichkeit sehr wichtig war, wurden die Fundamentstreifen für die Innenwände mit Öffnungen versehen (s. Abb. 159–161).
Nach Abschluß der Maurerarbeiten wurden die Fundamentstreifen mit Beton ausgefüllt und glattgestrichen (s. Abb. 158).

Wichtig für Bauherren, die das Fundament in Eigenleistung realisieren wollen:
Nach dem Lageplan (behördlich genehmigt) einen **Entwässerungsplan** anfertigen (Schnittzeichnung-Skizze mit genauen Höhenangaben genügt), aus dem auch der **Fundamentplan** als Schnitt- und Grundrißzeichnung präzise gezeichnet werden kann.

[3] Siehe hierzu: »Fundament« in: Bernd Grützmacher, Holzhäuser selber bauen und montieren, München 1993, S. 9 ff.

157 Fluchtschnüre für Oberkante Fundament und Oberkante erste Fundamentsteinreihe

158 Auf Fundamenthöhe mörtelfrei gesetzte Fundamentsteine, die mit Beton ausgefüllt werden

159 Auf Fundamentstreifen verlegte Schwellen

160 Nach Rastermaß und Fluchtschnur ausgelegte und befestigte Balken

Montage der Holzbalkendecke

• *Auslegen der Schwellenlage*

In den bisherigen Baubeschreibungen wurde deutlich, daß die Schwellen mit der Fundamentkante bündig ausgelegt und befestigt werden. Nach den Empfehlungen der Holzrahmenbauweise gilt dies auch für deckenbalkentragende Schwellen oder Randbalken.
In diesem Beispiel hat sich der Bauherr jedoch anders entschieden, wie folgende Sockelzeichnung (s. Zeichnung 28) veranschaulicht.
Danach sollte die Schwelle (1) mit einem Querformat von 5 × 20 cm mit der Innenkante des Streifenfundaments (5) bündig gesetzt werden, so daß aufgrund der Fundamentbreite (33 cm) ausreichend Fläche für einen auf das Fundament zu mauernden Sockelstein (12) verblieb, der die Schwelle und einen Teil des Randbalkens (3) vor Spritzwasser schützt. Diese bauphysikalisch sehr interessante Sockelkonstruktion hat nur den Nachteil, daß die Schwelle der Außenwand (6) nicht vollflächig auf dem Fußboden (4) aufliegt, der die Balkenlage (2) abdeckt. Dieser geringfügige Versatz, statisch abgesichert, war notwendig, um die aufgedoppelte Unterkonstruktion (9 und 10) so weit nach außen montieren zu können, daß die Kriech- und Decker-Schalung (11) an dem Sockel vorbeigeführt werden konnte.
Ein Vergleich mit üblichen Sockelanschlüssen im Holzrahmenbau macht den Unterschied deutlich (vgl. Zeichnung 29).

161 Kriechkelleröffnung mit Betonsturz (U-Steine)

Doch zurück zur Praxis: In Abbildung 158, unten links, sind bereits zwei zugeschnittene Schwellenbalken zu sehen, die mit Bolzen versehen sind. Das hat folgenden Grund: Da die Schwelle mit den Fundamentstreifen standsicher zu verbinden ist und der Bauherr sich den recht mühsamen Arbeitsgang ersparen wollte, alle Bohrlöcher in den harten Beton zu bohren, entschied er, die Schwellen mit den Bolzen in den noch nassen Beton zu legen und nach der vorher gespannten Fluchtschnur zu justieren. Außerdem konnte zu diesem Zeitpunkt auch eine Diagonalprüfung vorgenommen werden, so daß alle Schwellen im rechten Winkel zueinander einjustiert werden konnten (s. Abb. 159).
Diese etwas ungewöhnliche Verankerung wird verständlich, wenn wir erfahren, daß die Schwellen nach drei Tagen von den nun fest im Beton verankerten Bolzen wieder gelöst wurden, um die Auflagefläche mit einem Teerpappstreifen (Feuchtigkeitssperre) zu versehen. Anschließend wurden sie wieder mit den Bolzen verschraubt.
In der Abbildung 159 sind aber noch andere Details enthalten.
Im linken Fundamentbereich sind in den Streifenfundamenten Rohrdurchbrüche für die Innenwände zu erkennen, durch die später die Schmutzwasser-Sammelleitung geführt wird (das Gefälle ist bereits auszumachen).
Im rechten Fundamentteil ist die Sohle bereits mit einer Magerbetonschicht von ca. 6 cm Dicke abgedeckt und glattgezogen worden. Dieser unbewehrte Estrich wurde in allen Kriechkellerräumen ohne darunterliegende kapillarbrechende Kiesschicht und Feuchtigkeitssperre geschüttet und abgezogen. Das war deshalb möglich, weil das Fundament mit einer Ringdränage versehen wurde, die, um ca. 10 cm tiefer als das Fundament verlegt, Grund- und Oberflächenwasser abführt.
Ferner sieht man noch, daß jeder »Raum« im Kriechkeller durch entsprechende Öffnungen zu erreichen ist. Zur statischen Absicherung mußten die Stürze zusätzlich bewehrt werden (s. Abb. 160).

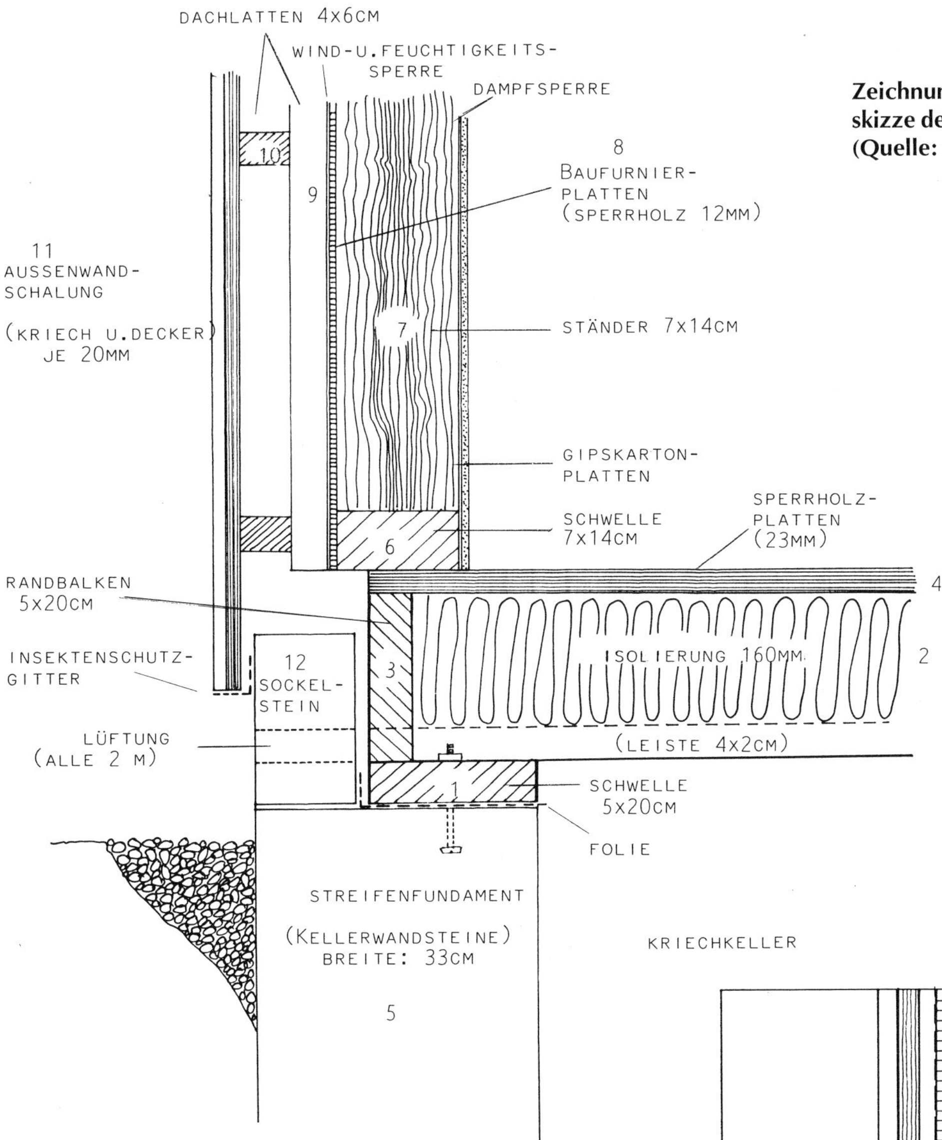

Zeichnung 28: Konstruktionsskizze des Sockelanschlusses (Quelle: Dirk Lorenzen, Sörup)

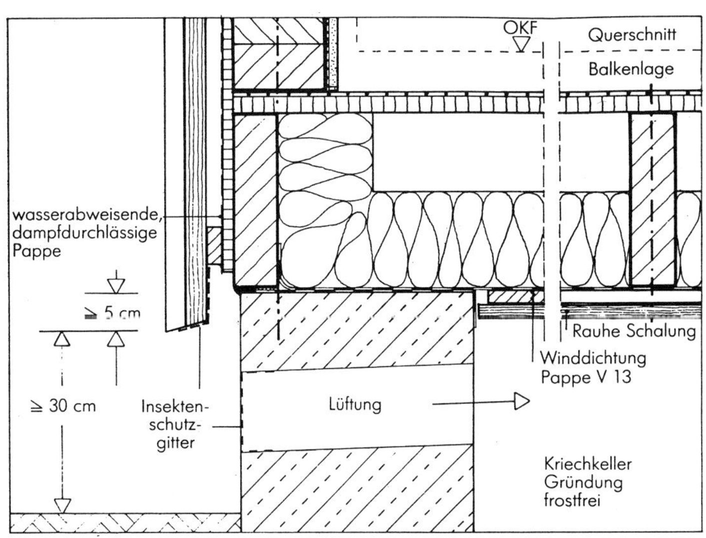

Zeichnung 29: Sockelanschluß einer Balkenlage auf Fundamentstreifen (Quelle: Bund Deutscher Zimmermeister [Hg.], Holzrahmenbau)

162 Isolierte Heizungsrohre, in ausgeklinkten Balken verlegt (siehe auch Abb. 163)

- *Balkenlage im Erdgeschoß*

Wie aus der Zeichnung 27 ersichtlich, war nicht nur für die Schwellen, sondern auch für die Fußboden- und Randbalken ein einheitliches Format von 5 × 20 cm vorgesehen.
Da die im Fundament verankerten Schwellen maßgenau befestigt waren und der 5 cm breite Randbalken schwellenbündig vorgesehen war, konnten die Fußbodenbalken auf Maß zugeschnitten und nach den auf der Schwelle markierten Abständen (Achsmaß 40,6 cm) ausgelegt und mit Winkelverbindern befestigt werden.
Das Achsmaß von 40,6 cm ergab sich aus dem Format der später zu verlegenden Fußboden-Sperrholzplatten (1220 × 2440 × 23 mm), die in Längsrichtung montiert werden sollten, so daß jede Platte auf drei Balken aufliegen würde.
Vor dem Verlegen der Fußbodenbalken wurden sie an der Unterkante beidseitig mit Leisten (2 × 4 cm) versehen, auf die später eine die Isolierung schützende (und tragende) Unterspannbahn festgetackert werden konnte (s. Abb. 161).

An den Stirnseiten der Balken konnten nun die Randbalken genagelt werden, die vorher mit Lüftungsschlitzen im Abstand von 2,0–2,5 m versehen worden waren (Schlitzformat: 4 × 30 cm; an der Unterkante freigesägt).
Nach der Randbalkenmontage mußten die statisch tragenden Balken durch Stichbalken miteinander verbunden werden.
Bevor die Balkenzwischenräume mit Unterspannbahn und Isolierung ausgefacht wurden, waren die Heizungsrohre zu verlegen. Für diese, mit einem isolierenden Schaumgummimantel versehenen Rohre, wurden die Balken entsprechend ausgeklinkt und dort hochgezogen, wo sie später *in* den Innenwänden weiter verlegt werden sollten (s. Abb. 162).

163 Rasterweises Isolieren und Beplanken der Balkendecke

- *Isolierung und Fußbodenplatten*

Damit die zwischen den Balken zu verlegende Mineralwolle-Dämmung von unten gegen Wind und Feuchtigkeit geschützt wird und gleichzeitig eine flächige Auflage hat, mußte zunächst die Unterspannbahn auf die Trägerleisten getackert werden. Auf diese Unterlage ließ sich die zweilagige, versetzt angeordnete Isolierung leicht verlegen (zwei Lagen à 8 cm). Das versetzte Verlegen ist wichtig, damit die unteren Stöße der Isoliermatten vollflächig abgedeckt sind (s. Abb. 163).
In derselben Abbildung sind auch bereits verlegte Fußbodenplatten (Sperrholz) zu sehen, deren Längsstöße immer mittig auf einem Deckenbalken aufliegen müssen.
Wer sich für diese Beplankung entscheidet, sollte Nut- und Federplatten verwenden, um nicht nur die statisch notwendige Scheibe, sondern auch ein Maximum an Schwingungssicherheit des Fußbodens zu erreichen.

Die Arbeitsgänge: Unterspannbahn befestigen, Isolierung einpassen und Beplankung der Balken sollten rasterweise erfolgen, wenn sie vom Bauherren allein (unser Beispiel) ausgeführt werden. Das heißt, es werden immer jeweils zwei bis drei Plattenflächen vorbereitet und die Platten im versetzten Stoß fugendicht eingepaßt und abgenagelt (oder mit Schnellbauschrauben befestigt).
Nach der Beplankung kann es, je nach Witterung, sinnvoll sein, die Bodenflächen mit einer Plastikfolie zu schützen, auf der die Holzrahmenbauteile der Wände für die Montage gelagert werden können.

Bis zu diesem Bauabschnitt wurden alle planerischen und praktischen Arbeiten vom Bauherren ausgeführt bzw. organisiert und mit dem Zimmermeister abgestimmt (Kosteneinsparung: DM 12 000,– bis 15 000,–).

Montage der Erdgeschoßwände

Schwellenlage auf der Holzdecke

Bei der Holzrahmenbaumontage werden im ersten Arbeitsgang die Schwellen der Außenwände ausgelegt, in ihren Überblattungen miteinander verbunden, eingefluchtet und auf ihre Rechtwinkligkeit zueinander überprüft (Diagonalmessung). Erst wenn nach der Diagonalmessung die Schwellenlage rechtwinklig ausgelegt ist, kann sie mit der Holzdecke und der darunterliegenden Balkenlage abgenagelt werden; straff gespannte Fluchtschnüre erleichtern hierbei das fluchtgenaue Befestigen (s. Zeichnung 30).
Anschließend werden die Schwellen für die Innenwände eingemessen und befestigt.
In der Zeichnung 30 ist deutlich zu erkennen, daß die äußeren Schwellen kantenbündig mit der Holzdecke zu befestigen sind. In unserem Beispiel mußten diese Schwellen aber mit einem Versatz von knapp 3 cm noch über die Holzdecke hinaus genagelt werden, wie es in der Sockelkonstruktion (s. Zeichnung 28) vorgegeben war.
Das war aber nur möglich, weil der Bauherr statt des empfohlenen Querschnitt-Formats von 6 × 12 cm ein Format von 7 × 14 cm für alle Holzrahmenbauteile (Schwelle, Ständer, Rähm) gewählt hatte, um eine Wandisolierung von 140 mm zu erhalten. Dadurch hatten die Schwellen immer noch eine Auflage von 11 cm.

Ständer und Rähm

Es wurde bereits darauf hingewiesen, daß die Ständer im Holzrahmenbau möglichst in einem 62,5 cm-Raster (Achsmaß) zu montieren sind, um die industriell hergestellten Bauwerkstoffplatten leichter montieren zu können. Da dieses Achsmaß nicht immer eingehalten werden kann, sind ergänzende Sonderkonstruktionen möglich (s. Zeichnung 31 a, b).
In der Baupraxis ist es üblich, die Ständer vor dem Richten mit dem Rähm zu verbinden, weshalb sie in der Werkstatt bereits mit Winkelverbindern versehen werden. Danach werden Ständer und Rähm gerichtet, auf die Schwelle lotrecht gesetzt und mit Dachlatten stabilisiert (s. Abb. 152, 164).
Auch wenn die einzelnen Holzrahmenwände mit Dachlatten lotrecht abgeschert sind, sollte noch vor der Montage der Deckenbalken die Rechtwinkligkeit der Räume zueinander durch Diagonalmessung überprüft und ggf. korrigiert werden.

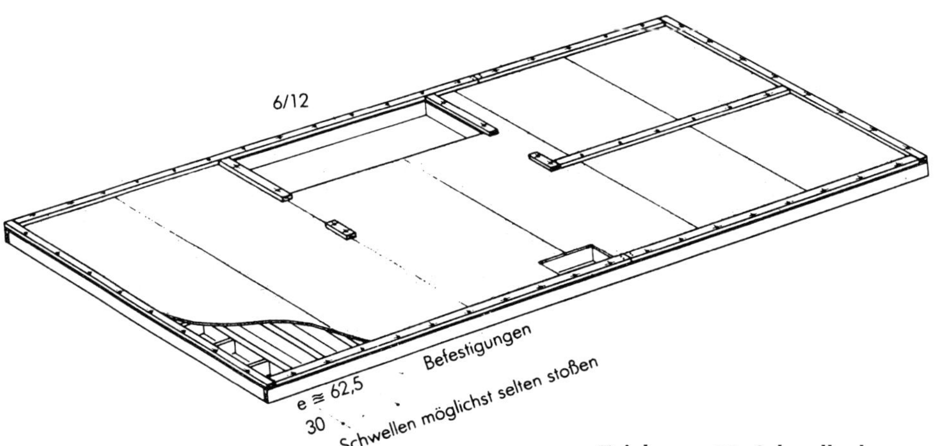

Zeichnung 30: Schwellenlage auf Holzdecke (Quelle: Bund Deutscher Zimmermeister [Hg.], Holzrahmenbau)

164 Montage der Außenwandkonstruktion

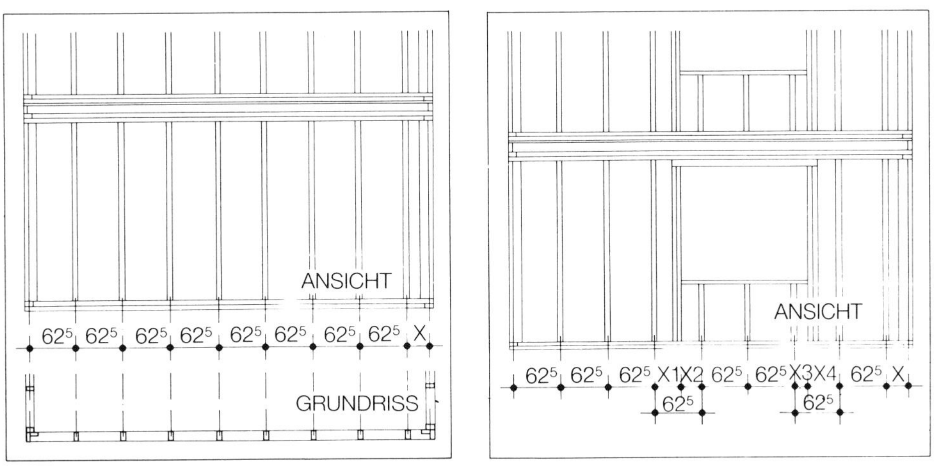

Zeichnung 31:
a: Rasteraufteilung der Ständer einer geschlossenen Außenwand mit dem Restmaß X

b: Rasteraufteilung der Ständer bei Wandöffnungen mit zusätzlichen Aussteifungen (Quelle: Entwicklungsgemeinschaft Holzbau in der deutschen Gesellschaft für Holzforschung [Hg.]: Informationsdienst Holz [Holzrahmenbau])

Deckenbalken und Beplankung

In dem Standardwerk »Holzrahmen-Bau« wird eine Deckenkonstruktion empfohlen, die zwar den statischen Anforderungen entspricht, aber nur geringe, individuelle Gestaltungsmöglichkeiten zuläßt (s. Zeichnung 32). Aufgrund der hohen Flexibilität im Holzhausbau ist dies aber kein Problem, so daß auch sichtbare Balkenlagen möglich sind, wie sie vom Bauherr gewünscht wurden.
Zu bedenken ist allerdings, daß die Balkenlage in Verbindung mit der Beplankung eine »statische Scheibe« ergeben muß, um die Außenwände auszusteifen. Hierfür eignen sich Baufurnier- und Spanplatten ganz besonders. Dielenschalung kann nur nach statischer Berechnung verlegt werden. Da der Bauherr einen Dielenboden (von unten sichtbar) wünschte, mußten die Deckenbalken in Längs- und Querrichtung des Hauses auf den Rähmen mit Winkelblechen befestigt werden (s. Abb. 167).
Dort, wo Deckenbalken im rechten Winkel aufeinander stoßen, kann auch mit Winkelverbindern gearbeitet werden, wenn diese Verbindung später durch Innenbeplankung abgedeckt wird, also nicht sichtbar bleibt; in Fällen aber, wo dieser Stoß sichtbar bleibt und Verbindungsmittel aus optischen Gründen nicht in Frage kommen, ist eine Zapfenverbindung zu empfehlen (s. Abb. 165).
Oberhalb dieser Balkenverbindung ist aber ein Lochblech mit Rillennägeln zu befestigen, nachdem die Balken mit einem Balkenspanner zusammengedrückt wurden. Die Blechauflage ist vorher freizustemmen (s. Abb. 166).

Um die Holzrahmenwände abzudichten und gleichzeitig gegen Parallelverschiebungen auszusteifen, müssen sie mit Baufurnier- oder Spanplatten beplankt werden. Erleichtert wird die Montage, wenn die Höhe der Wandkonstruktion (Schwelle – Ständer – Rähm) dem Plattenlängenmaß – in diesem Beispiel wurden 12 mm dicke und 2440 mm lange Baufurnierplatten verwendet – entspricht, so daß man sich beim Ansetzen der Platte nach der Schwellenunterkante richten kann.
An diesen Außenwänden wurden die Platten auf Stoß aneinandergesetzt und mit dem Drucknagler schwellen- und rähmkantenbündig befestigt (s. Abb. 169).

166 Lochblechverbindung oberhalb der Deckenbalken

165 Zapfenverbindung von zwei rechtwinklig zu verbindenden Balken

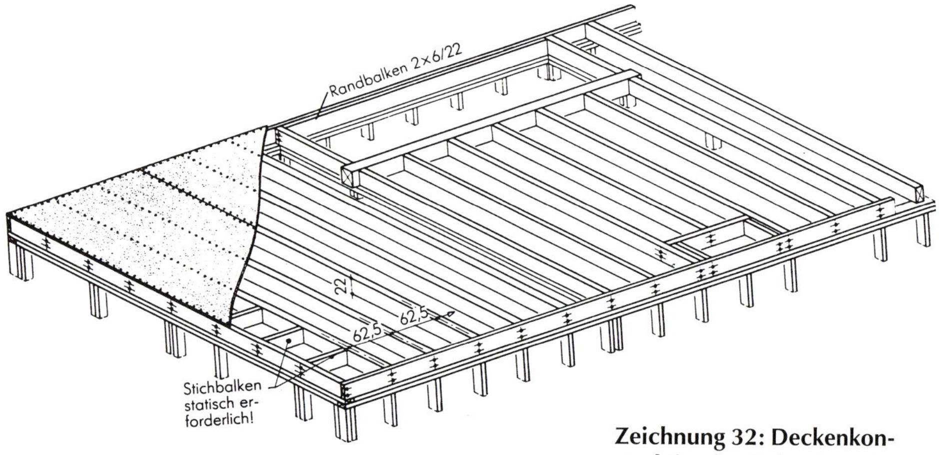

Zeichnung 32: Deckenkonstruktion im Holzrahmenbau (Quelle: Bund Deutscher Zimmermeister [Hg.], Holzrahmenbau)

Deckendielung

Im Anschluß an die Beplankung der Außenwände konnte die Balkenlage vollflächig bis zu den Außenkanten abgenagelt werden. Hierfür wurden 23 mm dicke, auf 15% Holzfeuchte heruntergetrocknete Dielenbretter mit Nut und Feder verarbeitet. Aufgrund der rechtwinklig versetzt montierten Deckenbalken entstand durch die Dielen nunmehr die erforderliche Scheibenwirkung dieser Deckenkonstruktion (s. Abb. 167).
Wem diese Art der Dielung zu zeitaufwendig ist, wer auf eine natürliche, sichtbare Holzmaserung aber nicht verzichten möchte, kann großformatige Tischlerplatten verarbeiten, die beidseitig mit trittfestem Furnier verleimt sind (s. Abb. 168).

167 Um 90° versetzte Balkenlage, mit Fußbodendielen beplankt

168 Beispiel einer Beplankung von Deckenbalken mit furnierten Tischlerplatten

Obergeschoß und Dachkonstruktion

Wie aus den Zeichnungen 2 und 4 ersichtlich ist, war für dieses Haus ein asymmetrisches Satteldach mit Krüppelwalm geplant, dessen südliche Dachfläche erst in der zweiten Geschoßhöhe beginnt, während die nördliche Dachfläche bis zum Erdgeschoß und im Eingangsbereich noch tiefer heruntergeführt werden sollte. Dadurch ergab sich für den Abbund eine Kombination aus Holzrahmenbau und konventioneller Dachkonstruktion.
Auch hier begann man zunächst damit, die Schwellenhölzer für Innen- und Außenwände auf der Dielung auszulegen und festzunageln (s. Abb. 169).
Analog dem Wandaufbau im Erdgeschoß erfolgte die Rahmenkonstruktion im Obergeschoß, die auf der Nordseite mit Drempel und Sparren kombiniert werden mußte. Der Drempel, in der Abbildung 170 links zu erkennen, hat den Vorteil, daß unter der Dachschräge mehr nutzbarer Wohnraum entsteht. Um die Dachlasten auf die Außenwände und über wenige Stiele auf die Innenwände abzuleiten, war eine Pfettenkonstruktion erforderlich; dafür genügte im südlichen Dachstuhl eine Fußpfette im Querformat von 14 × 14 cm, während die nördliche Pfette (im Dachstuhl links) aufgrund der höheren Dachlast ein Format von 12 × 33 cm haben mußte, weshalb hierfür ein Leimbinder eingesetzt wurde (s. Abb. 170). Zwei darunter stehende Stiele übernahmen einen Teil des Lastabtrags auf zwei tragende Innenwände (s. Abb. 171).
Im Firstscheitel wurden die Sparrenpaare mit einer Firstpfette verbunden, die auf sparrenverbindenden Zangen aufliegt. Sobald Obergeschoß, Dachstuhl und Terrassengiebel gerichtet sind, erfolgt die Beplankung der Außenwände (s. Abb. 172). Erst danach kann der Dachstuhl mit Windrispenbändern diagonal verspannt werden.

170 Asymmetrische Dachkonstruktion mit Fuß- und Mittelpfette; Drempel auf der Nordseite (links)

169 Befestigen der Schwellen auf dem Dielenboden im Obergeschoß

171 Auf dem Rähm befestigte Deckenbalken, paarweise mit den Sparren verschraubt

172 Mit Baufurnierplatten beplanktes Erd- und Obergeschoß; Dachstuhl noch ohne Windrispenbänder

Innenausbau

Erst wenn der Dachstuhl mit Windrispenbändern verspannt ist und mit einem winddichten Unterdach (hier: gewebeverstärkte und UV-beständige Delta-Folie) versehen ist, kann mit dem Innenausbau begonnen werden.
An bzw. in diesem Haus wurden folgende Arbeiten in Eigenleistungen erbracht:

- Isolierung aller Außenwände, einschließlich Dachschrägen und Dachgeschoßdecke mit 140 mm dicker Mineralwolle (s. Abb. 174)
- Verlegen der Dampfsperre und Beplankung der Wände mit Gipskartonplatten
- Montage aller nichttragenden Innenwände mit Latten (Querformat: 5 × 10 cm), einschließlich Isolierung und Beplankung (s. Abb. 173)
- Verlegen aller Heizungs- und Wasserrohre
- Unterkonstruktionen für alle Installationen in den Naßzellen und Montage der Sanitär- und Küchenobjekte, einschließlich Verlegen der Entwässerungsrohre
- Verlegen von Trockenestrichplatten im Obergeschoß
- Verlegen aller Wand- und Bodenfliesen
- Alle Maler- und Tapezierarbeiten

Während für tragende Innenwände statt der empfohlenen 6 × 12 cm das gleiche Querformat (7 × 14 cm) wie bei der Außenwandkonstruktion verwendet wurde, können für nichttragende Innenwände kleinere Querformate, z. B. 6 × 6 cm, 7 × 7 cm oder wie in diesem Beispiel 5 × 10 cm verarbeitet werden (s. Abb. 173).
Es wurde bereits darauf hingewiesen, daß die raumseitige Beplankung der Außenwände erst erfolgen kann, wenn alle Installationsleitungen verlegt sind, die Wärmedämmung winddicht verlegt wurde und die Flächen mit einer Dampfsperre verkleidet sind. Unabhängig davon, ob gewebeverstärkte Dampfbremspappe oder Folie verwendet wird, ist auf eine absolut dichte Befestigung zu achten, damit keine Raumfeuchte in die Isolierung dringen kann. Deshalb sollten diese Dampfsperren an den Überlappungen zusätzlich mit einem Klebestreifen abgedichtet werden (s. Abb. 175). Deshalb sollten auch alle Löcher in der Dampfsperre, durch die Kabel (und Rohre) geführt werden (z. B. für Steckdosen), mit Klebeband abgeklebt werden, bevor man mit der Beplankung beginnt (s. Abb. 176). Dies gilt nicht nur für die Außenwände, sondern ebenso für die Innenwände, insbesondere von Bädern und Küchen, in denen hohe Luftfeuchtigkeit entsteht.

Aus diesem Grunde werden für Schalter und Steckdosen sogenannte Hohlwanddosen (s. Abb. 177) installiert, deren Kabelführungslöcher so dimensioniert sind, daß keine Feuchtigkeit in die Isolierung dringen kann.
Es gehört zur baulichen Logik, mit der Beplankung einer Innenwandseite zu beginnen, um beim Verlegen von Kabeln und Rohren notwendige Zusatzkonstruktionen befestigen zu können. Nach der zweiten Beplankung ist zu empfehlen, *vor* dem Verspachteln die Elektroverkabelung »auf Durchgang« zu überprüfen, um sicherzustellen, daß kein Elektrokabel durch Befestigungsmittel (z. B. Schnellbauschrauben) beschädigt wurde.
Das Verspachteln und spätere Tapezieren von Trockenbauwänden kann problemlos in Eigenarbeit ausgeführt werden; zuvor sollte man aber die Verarbeitungsempfehlungen der Hersteller von Gipskarton- und Gipsfaserplatten (Rigips, Knauf, Fels u. a.) beachten. Neben Verarbeitungshinweisen werden auch Problembereiche detailliert angesprochen. Dazu gehören zum Beispiel die Abdichtungstechnik in Bad/WC oder der Kantenschutz von Wandecken. Dafür werden für weniger stark beanspruchte Wandecken Alu-Kantenschutzfolien empfohlen, während stärker beanspruchte Ecken mit Kantenschutzleisten versehen werden sollten.
Beim Verspachteln sollte nicht darauf verzichtet werden, die Fugen bei Gipskartonplatten mit Bewehrungsstreifen zu versehen, die in die frisch aufgezogene Spachtelmasse vollflächig einzulegen sind; nach ca. 30 Minuten erfolgt dann die Ausgleichsspachtelung mit dem Flächenaufzieher (s. Abb. 178).

173 Einseitig beplankte, nichttragende Innenwände

174 Isolierung aller Außenwände und Dachschrägen mit 140 mm Mineralwolle

175 Raumseitige Außenwandisolierung, mit Dampfsperre (Difunorm) abgedeckt

176 Mit Klebeband abgedichtete Kabeldurchführung

177 Hohlwanddosen für Leichtbauwände

178 **Ausgleichsspachtelung einer Erkerecke, die vorher mit einer Kantenschutzleiste versehen wurde**

179 **Mit Trockenestrichelementen ausgelegter Abstellraum**

Trockenestrich

Je nach Schallschutz- bzw. Trittschallschutz-Anforderungen können Trockenestrichplatten direkt auf dem Boden oder auf eine vorher aufgebrachte und waagerecht abgezogene Trockenschüttung verlegt werden. Wählt man die erste Verlegungsart, sollten die Platten mit Trittschalldämmung versehen sein.
Der Bauherr hatte sich für diese 150 × 50 cm großen Estrichelemente entschieden, die aus zwei versetzt angeordneten Gipsfaserplatten (je 10 mm dick) bestehen und mit einer hochverdichteten, 10 mm starken Trittschalldämmung versehen sind.
Vor dem Verlegen dieser Einzelelemente wurden die Sockelkanten mit einem Dämmstreifen versehen, um eine Schallübertragung vom Fußboden auf die Wände zu vermeiden. Danach wurden die Estrichplatten im »schleppenden« Verband, also fortlaufend verlegt, wobei vorher die überlappenden Falze mit einem Montagekleber versehen wurden. Da die Platten nicht mit dem Boden, sondern nur miteinander zu verschrauben sind, werden hierfür Schnellbauschrauben verwendet, die nur 19 mm lang sind (3,9 × 19,0 mm). Abschließend lassen sich die Fugen mit einem Fugenspachtel ausgleichen (s. Abb. 179). Für den gesamten Montageablauf sollten unbedingt die Herstellerhinweise beachtet werden.

Abschließende Außenarbeiten

181 **Auf das Streifenfundament gemauerte Sockel- und Lüftersteine**

Im Kapitel II (»Niedrig-Energie-Haus«, s. S. 64) wurde gezeigt, daß die Deckelschalung der Außenwände direkt auf die Baufurnierplatten genagelt war, also ohne Lattung bzw. Konterlattung. Das ist bauphysikalisch akzeptabel, wenn alle Stoßfugen winddicht mit einer Dichtungsmasse abgespritzt werden.

Bei diesem Haus legte der Bauherr aber Wert darauf, eine hinterlüftete Kriech- und Deckerschalung zu montieren, weshalb eine Lattung und Konterlattung notwendig war. Als Wind- und Feuchtigkeitssperre wurden die Außenwände vor der Lattung mit einer gewebeverstärkten Plastik/Papierbahn (mit der Papierseite zur Wand) vollständig verlegt (Dekofol). Beim Verlegen richtete man sich nach dem zweifachen Rastermaß der Ständerkonstruktion (62,5 cm + 62,5 cm = 125 cm). Dadurch war es möglich, die Überlappungen mit einer flach aufgesetzten Dachlatte (4 × 6 cm) abzudecken, die durch die Baufurnierplatte hindurch mit dem jeweiligen Ständer der Holzrahmenkonstruktion vernagelt wurde (s. Abb. 180).

Die vertikalen Dachlatten waren aufgrund dieser Befestigung gleichzeitig Träger und Konterlattung für die Unterkonstruktion der Deckelschalung. Auch hierfür wurden Dachlatten verwendet, die in einem Abstand von 60 cm waagerecht angenagelt wurden.

Die Unterkonstruktion für die Deckelschalung konnte aber erst erstellt werden, nachdem der Sockel gemauert worden war.

Da der Sockel keine tragende Funktion, sondern lediglich Randbalken und Schwelle der Holzbalkendecke zu schützen hatte, konnten die Sockelsteine ohne verankernde Hilfsmittel in Mörtel gesetzt werden (s. Abb. 181). Ein danach angeworfener Spritzwurf erleichterte das spätere Verputzen der Fundament- und Sockelsteine.

Im Zuge der Maurerarbeiten wurden auch alle freistehenden Fundamentpunkte für den überdachten Eingangsbereich im Norden und die balkon- und giebeltragenden Eisenrohre im Süden vorbereitet (s. Abb. 182).

Zum Einfluchten dieser Punktfundamente mußten die beiden Mittelpunkte mit dem Lot (Senkblei, Schnurlot) von den beiden giebeltragenden Deckenbalken heruntergelotet werden. Erst danach konnte die Fundamenthöhe, die neben der Terrassentür-Öffnung durch kleine Leisten festgelegt war

182 **Punktfundamente für die den Balkon und den Giebel stützenden verzinkten Eisenrohre auf der Südseite**

180 Mit Wind- und Feuchtigkeitssperre vollflächig abgedeckte Außenwände mit Konterlattung

(2 cm unterhalb der Fußbodenoberkante Wohnhaus), mit Wasserwaage und Richtscheit auf die Schnurgerüste der Punktfundamente übertragen werden. Nach Fluchtpunkten und -höhe wurden die Schalungskästen gesetzt, von außen mit Erde lotrecht stabilisiert und mit selbst angemischtem Beton aufgefüllt.

Nach dem Abbinden des Betons konnte die exakte Länge der Eisenrohre (∅ 20 cm; Wandung: 4 mm) festgelegt und in Auftrag gegeben werden (Eisenfachgroßhandel mit angeschlossener Verzinkerei).

Bei der Montage wurden die Rohre auf den Fundamentpunkten über kreisförmig angeordnete Bolzen gestülpt und am Balkon und Giebel über angeschweißte Winkel mit Schraubbolzen verbunden.

183 Vorstreichen der druckimprägnierten Kriech- und Deckerbretter vor der Montage

184 Vertikale Deckelschalung an der Südseite (mit Terrasse)

185 Deckelschalungskombination (diagonal und vertikal) an der Westseite

Deckelschalung

Die komplette Deckelschalung an allen Hauswänden hatte der Bauherr aus Zeitgründen, aber auch aufgrund sehr individueller Gestaltungswünsche, die komplizierte Zuschnitte erforderten, dem Zimmereibetrieb übertragen.
Als Eigenleistung verblieb dem Ehepaar, ca. 180 m² sägerauhe, druckimprägnierte Schalbretter für die Verkleidung vorzustreichen und nach der Deckelschalungs-Montage mit wasserlöslicher Acryl-Außenwandfarbe (Demi-Deck, altweiß) nachzustreichen. Die Abbildungen 184–186 zeigen einige Beispiele der vom Bauherren gewünschten Deckelschalungskombinationen.
Zu den abschließenden Außenarbeiten gehörten auch der Einbau aller Fenster und Türen (die in Eigenleistung hergestellt wurden!) und die Montage des Eingangspodestes und der Holzterrasse (s. Abb. 187).

Kostenaufstellung

1.	Fundament und Fußboden (Eigenleistung) Materialkosten	DM	10 000,–
2.	Bausatz und Montage, einschl. Dachdekkung u. Deckelschalung	DM	95 000,–
3.	Innenausbau (Eigenleistg.), Material	DM	15 000,–
4.	Heizung und Sanitär (Eigenleistung), Material	DM	15 000,–
5.	Elektro (Material u. Anschlußkosten)	DM	4 500,–
6.	Fenster, Außentüren, Treppe (Eigenleistung) Material	DM	12 500,–
7.	Türen (innen)	DM	5 500,–
8.	Balkongeländer und Rohre (Material)	DM	1 000,–
9.	Terrassen (Eigenleistg.), Material	DM	600,–
10.	Kleinmaterial	DM	900,–
	Gesamtbaukosten	DM	160 000,–

Feuerversicherungswert DM 320 000,–

186 Vertikale Deckelschalung und Fensteranschluß-Detail

187 Offene Dielung des Eingangspodestes mit druckimprägnierten Dielen

IV. Holzhaus-Ensemble in Skelett-Bauweise (Holzleimbau)

Einleitung

Entscheidungskriterien für die Holz-Skelett-Bauweise

Wenn ein Architekt für die eigene Familie ein Wohn- und Bürohaus als Holzhaus in *Skelett-Bauweise* plant, so muß das gute Gründe haben.
Zu den wichtigsten Entscheidungskriterien gehörten sicherlich die Erfahrungen von Freunden, denen er vor Jahren Holzhäuser empfohlen und bauleitend begleitet hatte, und die wiederholt von dem angenehmen Raumklima, den natürlichen Materialien und dem damit verbundenen »Wohlbefinden« berichteten.
Außerdem hatte der Architekt seine berufliche Laufbahn mit einer Tischlerlehre begonnen, so daß er eine Vorliebe für den Baustoff Holz entwickelt hat. Gleichzeitig konnte der zukünftige Bauherr als ehemaliger Handwerker bei diesem Material mit kostensparenden Eigenleistungen rechnen.
Die Entscheidung, die Skelett-Bauweise aus brettschichtverleimten Balken (Leimbinder) der Holzrahmenbauweise vorzuziehen, ergab sich aus der Konzeption des »offenen Wohnens«, wobei im Wohnbereich höhenversetzte Räume ineinander übergehen sollten, ohne durch tragende Zwischenwände eingegrenzt zu werden. Die dadurch erforderliche Variabilität der Konstruktion, aber auch die Stabilität der Verbindungstechnik sowie die hohe Maßgenauigkeit und Tragfähigkeit der Balken gaben zwangsläufig den Ausschlag für die Skelett-Bauweise. Bestärkt wurde der Architekt in dieser Entscheidung durch den Wunsch, einen Teil der Skelettkonstruktion in den Räumen als sichtbares Gestaltungselement einzusetzen (s. Zeichnung 33 a, b).

Das Drei-Häuser-Konzept

Die drei Einzelhäuser, das rechte als Architekturbüro, das mittlere für die beiden schulpflichtigen Kinder (und Gäste) und das gemeinsame Wohnhaus links, die alle durch teilverglaste Flure verbunden sind, die in einen zentralen Wintergarten zusammenlaufen, lassen ahnen, welche familiären, beruflichen, aber auch individuellen Kriterien in der Entwurfsphase ausschlaggebend waren. So wünschte sich beispielsweise die Ehefrau, nicht wie bisher in der Küche unter Kunstlicht zu arbeiten, sondern unter Sonnenlicht. Deshalb wurde die Küchenarbeitszeile alkovenartig aus dem Grundriß herausgezogen und dreiseitig verglast. Neben der separaten Eingangstür im Süden und dem Zugang zum Kräutergarten im Norden, legte sie Wert darauf, einen freien Blick zum Kinderhaus und Büroeingang zu haben.
Auch deshalb wurde dieses *Drei-Häuser-Konzept* durch eine verglaste Flur- und Wintergarten-Kombination ergänzt, die die drei Einheiten zu einem »Ensemble« vereinte.
Der zentrale Wintergarten (Greenhouse) wurde so dimensioniert, daß hier in Zukunft nicht nur die Familie allein, sondern auch mit Gästen und Freunden zusammen sitzen konnte.
Diese »transparente« Verbindung der Häuser sollte aber nicht nur kommunikative Funktionen erfüllen, sondern auch Sonnenlicht und -wärme einfangen und optimal verteilen.

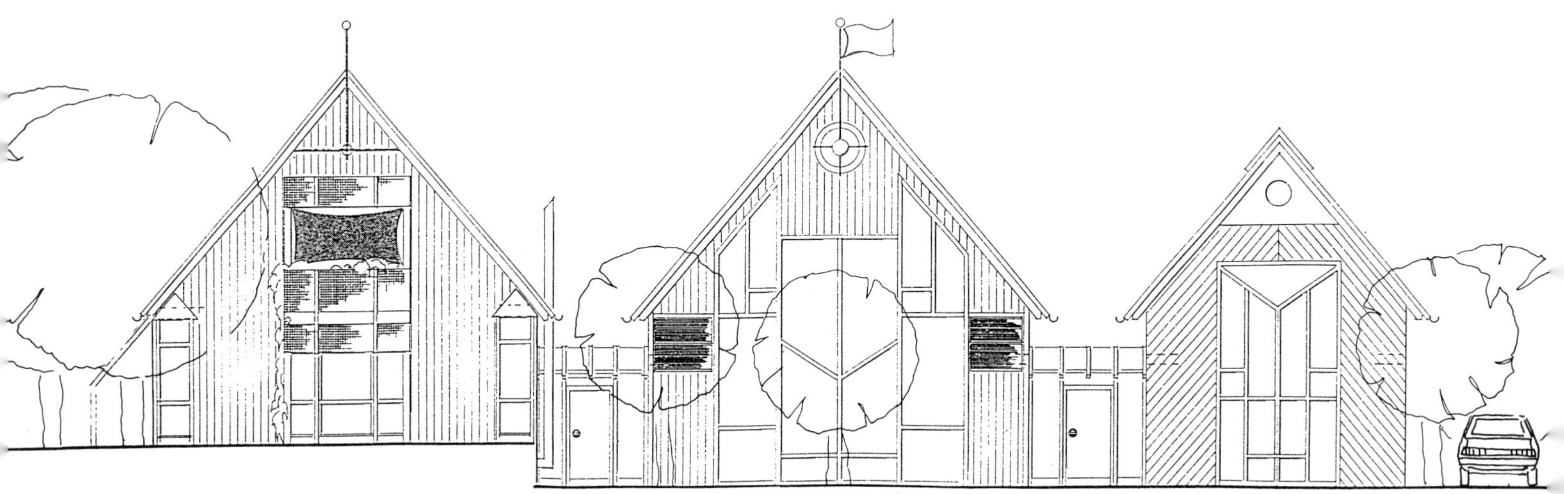

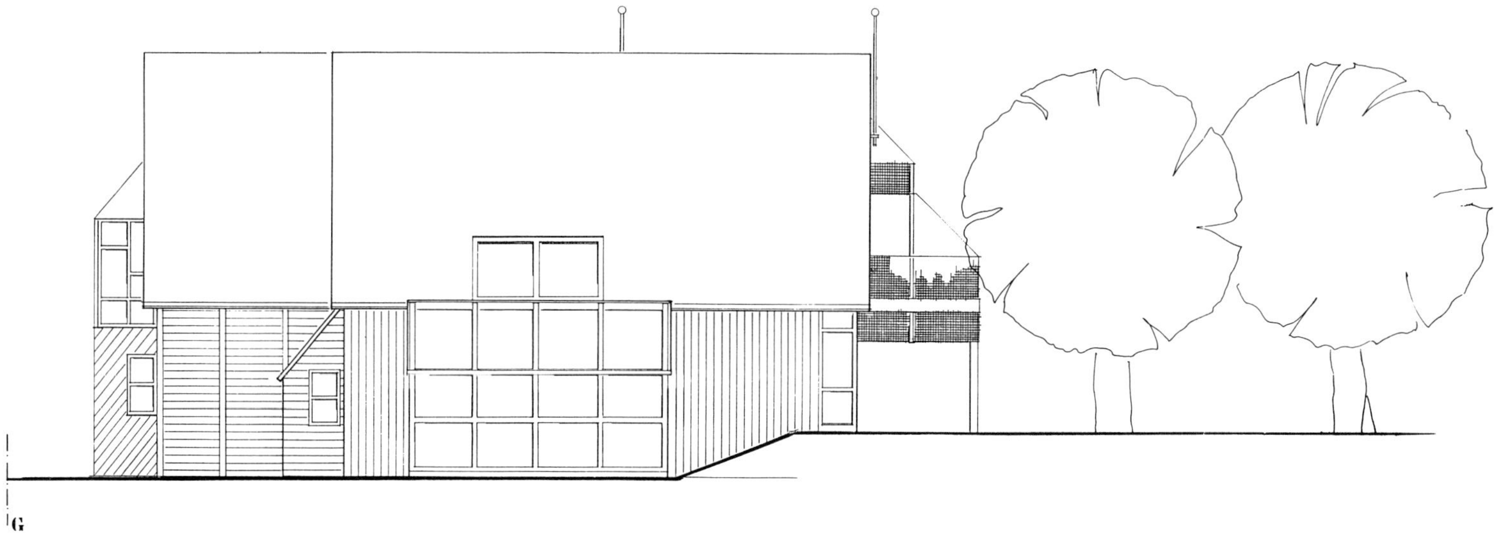

Zeichnung 33 a: Ansichten, Deckelschalungsvarianten und Fensterdesign (Maßstab 1:100): Südansicht (unten links); Westansicht (oben); Nordansicht (unten); Ostansicht (ganz unten)

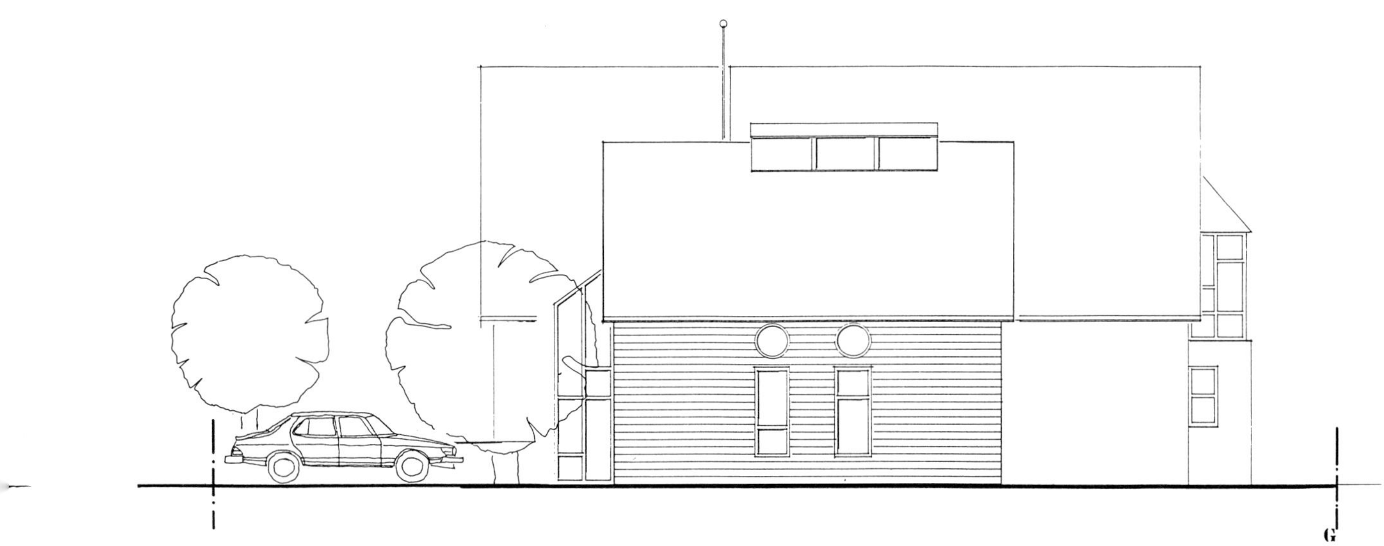

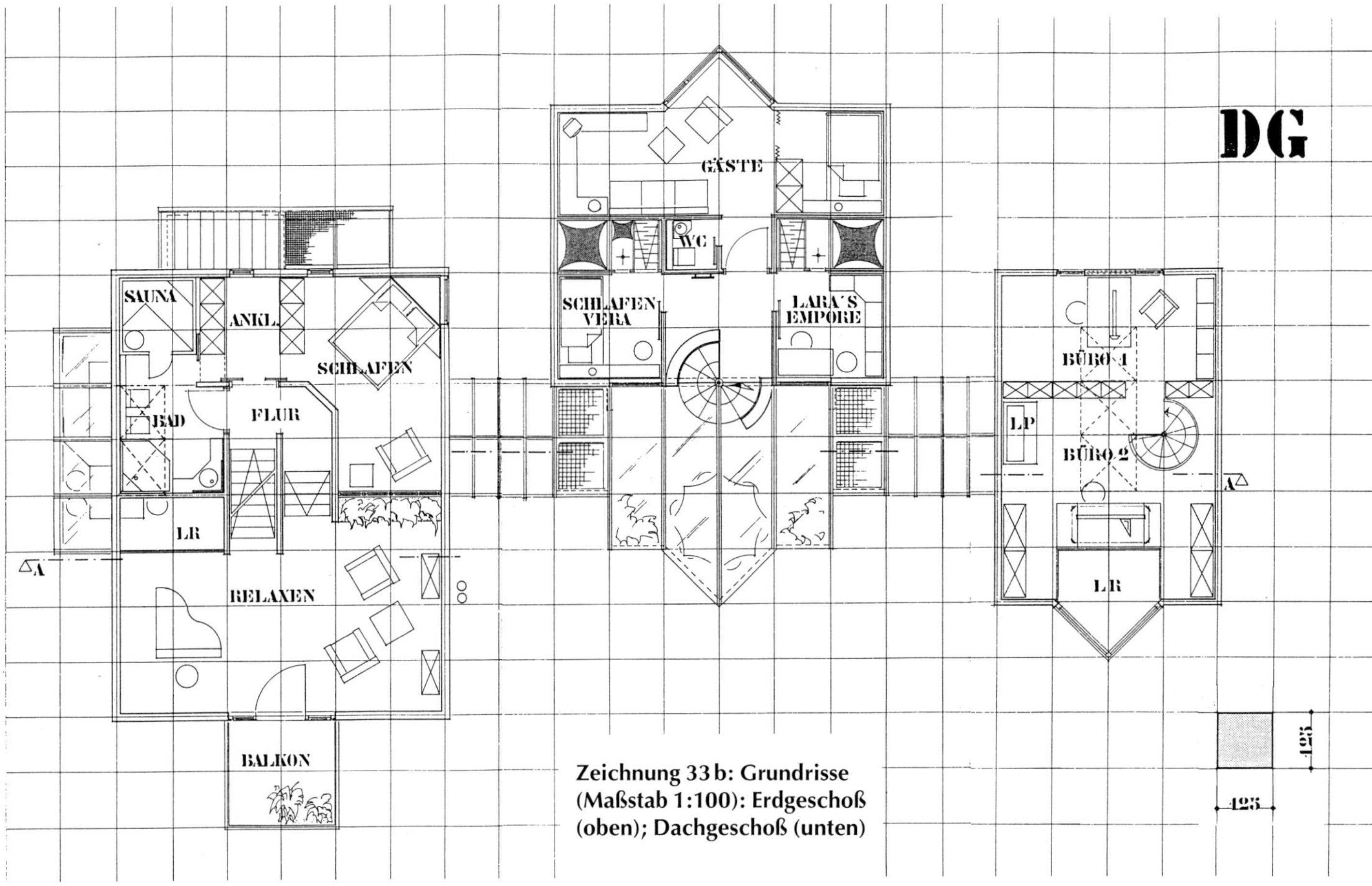

Zeichnung 33 b: Grundrisse (Maßstab 1:100): Erdgeschoß (oben); Dachgeschoß (unten)

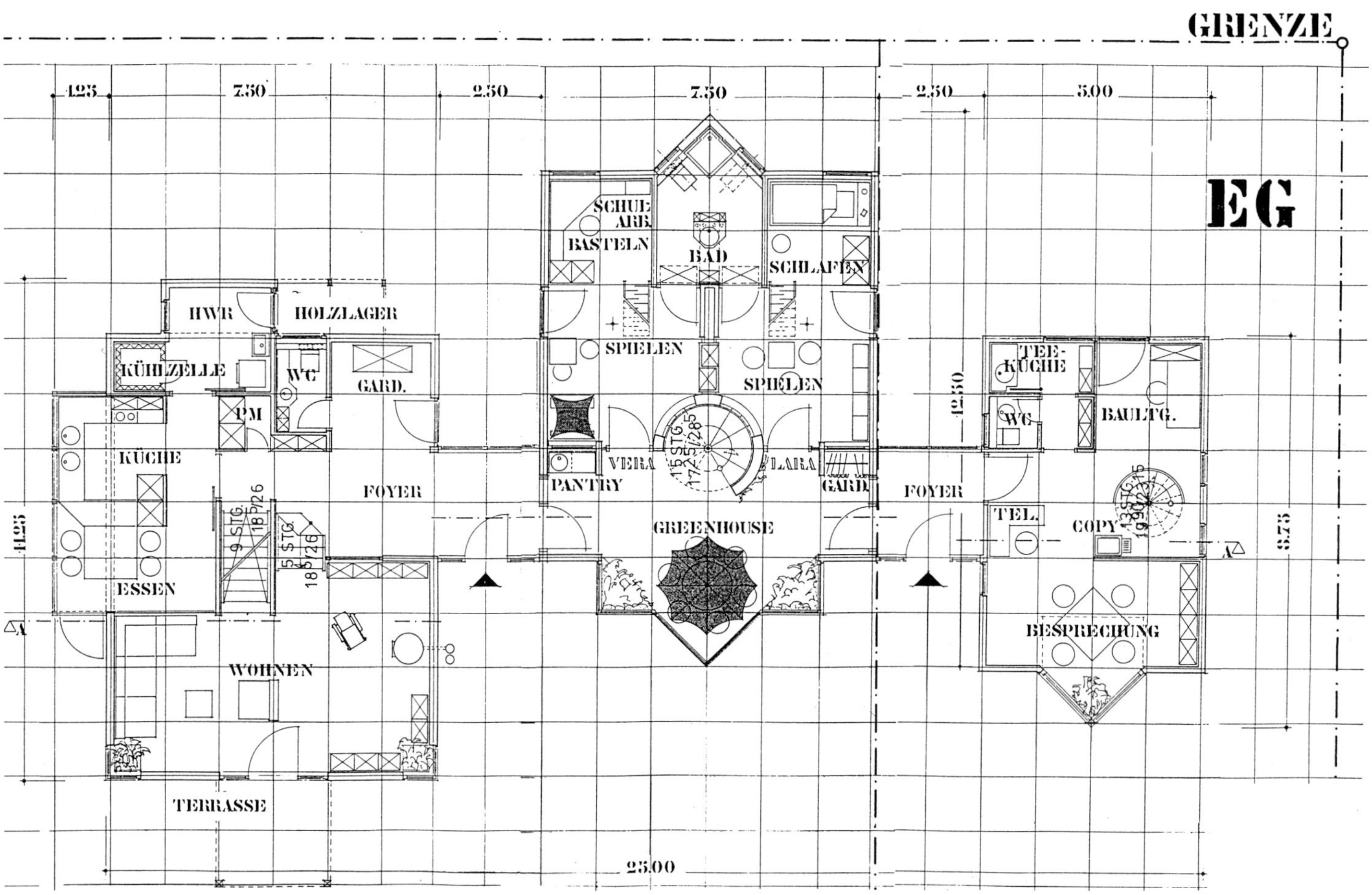

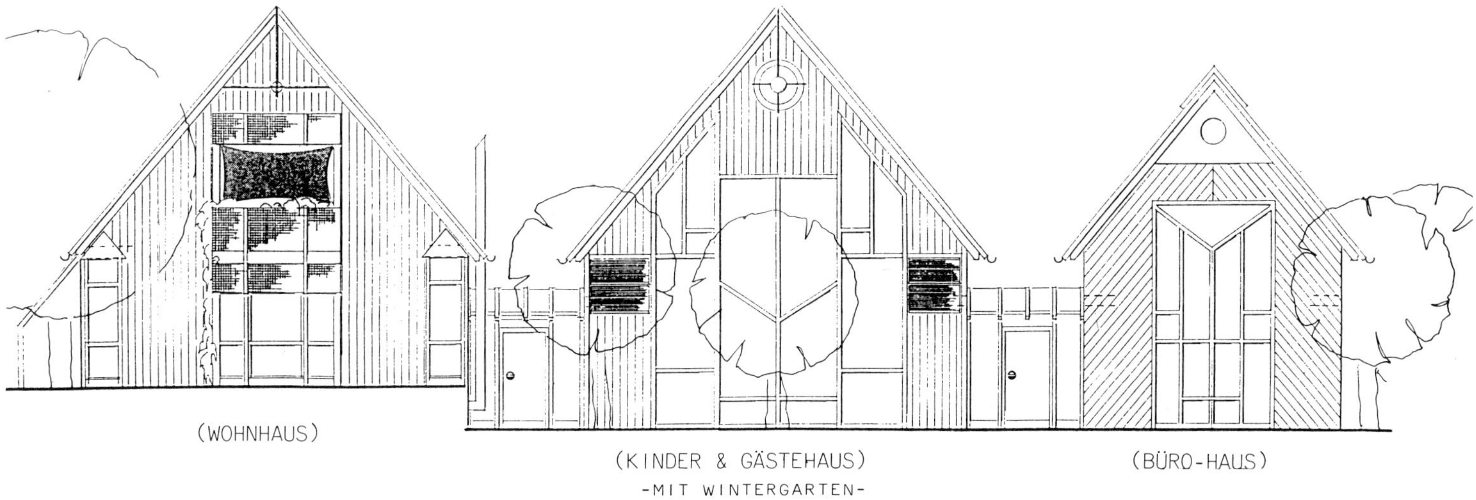

Zeichnung 34: Deckelschalungsvarianten, Fensterdesign und Schnitte: Südansicht (oben); Schnitt A-Achse (unten); Systemschnitt Entwässerung (ganz unten)

Außenwände: Deckelschalung und Fensterdesign

Bereits beim letzten Beispiel (Holzrahmenhaus) wurde deutlich, mit welcher Gestaltungsvielfalt Holzverschalungen einsetzbar sind. Das gilt auch für die Außenwandgestaltung dieses Ensembles, bei dem die Holzverschalung in unterschiedlichen Varianten geplant wurde, sei es als Fortsetzung der Dachneigung in die Wandfläche oder als vertikale Ergänzung zum Fensterdesign oder auch als ruhige Verbindung zwischen Fundament- und Traufenlinie (s. Zeichnung 33 a, 34).

Ein architektonisch ausgefallenes Gestaltungselement sind die unterschiedlichen Fenster- und Erkerformen, die trotz des gleichen Ausgangsrasters individuelle Vielfalt zeigen, aber aufgrund der symmetrischen Anordnung eine geschlossene Einheit mit der Außenwandgestaltung ergeben.

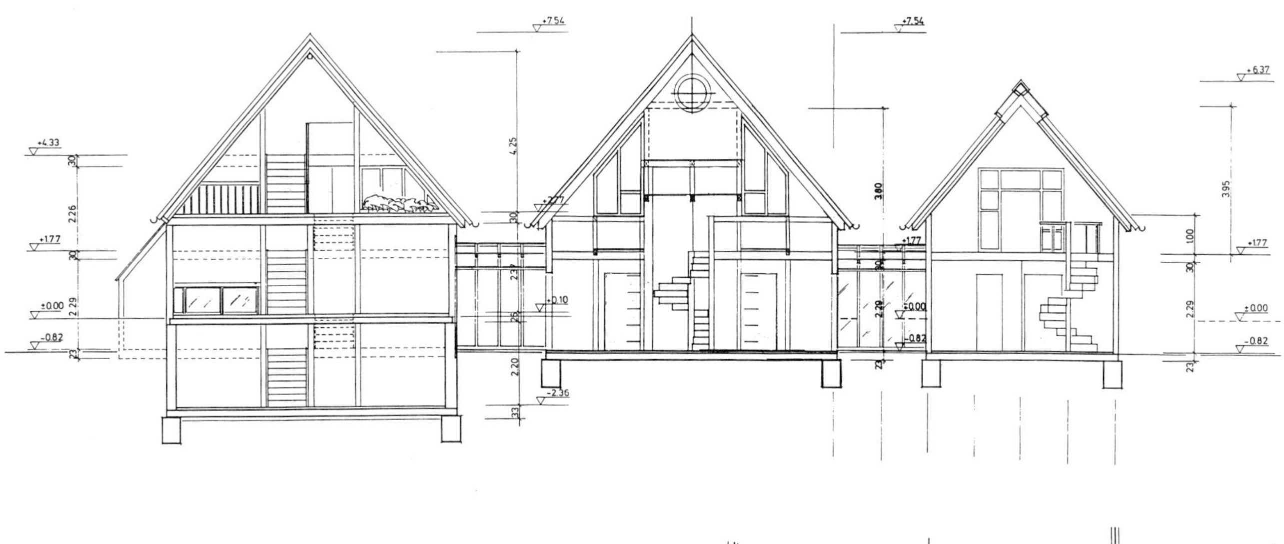

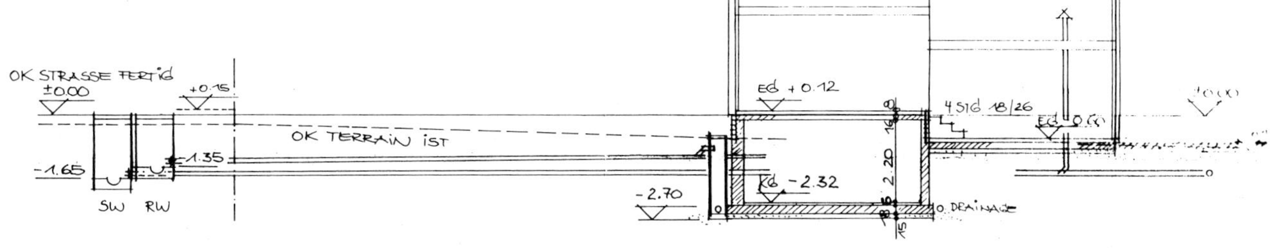

Konstruktions- und Ausführungszeichnungen mit CAD

Wer sich für ein Holzhaus individueller Bauart entscheidet, wird seine Ideen mit einem Architekten besprechen, um sie in maßstabsgerechte Zeichnungen (Grundrisse, Ansichten, Schnitte) umsetzen zu lassen. Dann wird ein Statiker hinzugezogen, der festlegt, welche Dimensionen die einzelnen Balken haben müssen, welche Verbindungsmittel erforderlich und wie Wände und Decken auszusteifen sind. Zeichnungen und Statik sind dann Grundlage für die Detailzeichnungen, die der örtliche Zimmermeister für den Abbund benötigt (s. Abb. 188). Diese Konstruktionszeichnungen stellen nicht nur die Basis für die Stückliste und den individuellen Zuschnitt der einzelnen Balken in der Zimmerei dar, sondern sind auch Montage-Grundlage. Dieser Planungs- und Herstellungsablauf erfordert nicht nur präzise Sachkenntnis in der zeichnerischen Konstruktion, sondern auch solides handwerkliches Wissen in der Anreißtechnik und im Zuschnitt (s. Abb. 189).
In der computergestützten Konstruktion (CAD = Computer Aided Design) für den Holzbau entfällt ein Großteil typischer Zimmermannsarbeiten – und das gilt ganz besonders für die Konstruktion mit Leimbindern.
Der Gesprächspartner ist nun nicht mehr der Zimmermeister, sondern der am Computer erfahrene Holzbau-Ingenieur.
Mit Hilfe des Computers und spezieller Konstruktionsprogramme erstellt er nicht nur detaillierte Konstruktions- und Ausführungszeichnungen, sondern koppelt diese Daten – nach Abstimmung mit dem Abbundmeister – mit dem Abbundprogramm, das die Abbundanlage steuert bzw. programmiert (s. Abb. 190, 191).
Ohne auf das Arbeiten mit CAD näher einzugehen, sei aber darauf hingewiesen, daß mit dieser Technik *jedes* Konstruktionsdetail auf dem Bildschirm im Maßstab 1:1 (!) sichtbar gemacht und über das angeschlossene Zeichengerät (Plotter) ausgedruckt werden kann (s. Zeichnung 35, S. 124).
Das erleichtert nicht nur fachliche Diskussionen und Problemlösungen, sondern ist auch eine äußerst präzise Vorlage (z. B. eine 1:1-Zeichnung) für den Zimmerer in der Abbundhalle, der nach dem vollautomatischen Abbund komplizierte Zuschnitte auszuführen hat, die von der Abbundanlage (noch) nicht zu leisten sind.

188 Manuell angefertigte Zeichnung eines Zimmermeisters

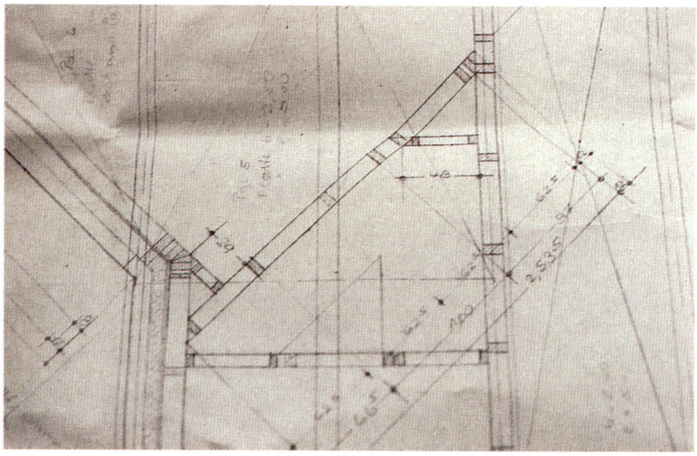

189 Zimmermeister beim Aufriß eines Gratsparrens; im Vordergrund ein Alpha-Anreißgerät

190 Leimbinder-Konstruktionszeichnungen mit dem Computer (CAD)

191 Konstruktionszeichnung auf dem Computer-Bildschirm

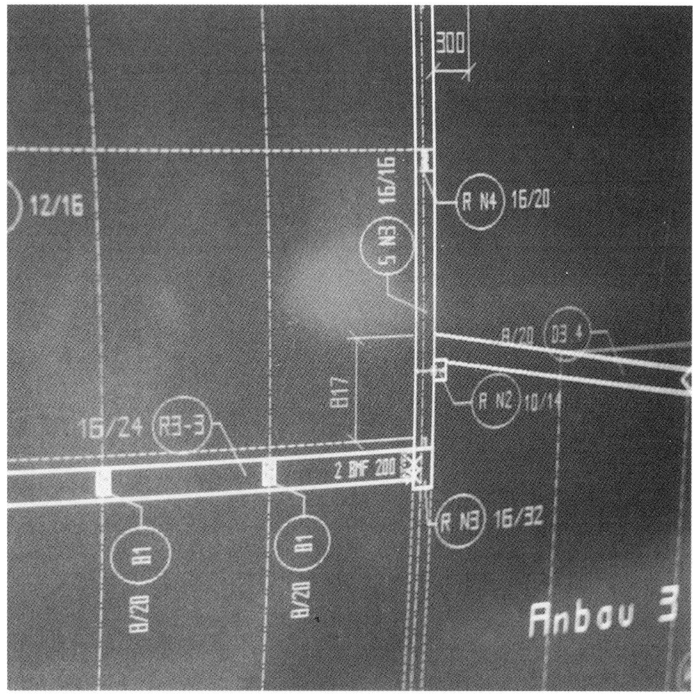

Nach dem vollautomatischen, millimetergenauen Zuschnitt der einzelnen Leimbinder werden sie nach den Angaben in der Konstruktionszeichnung am Hirnholz gekennzeichnet, mit Verbindungsmitteln versehen und für die bauseitige Montage transportfähig zusammengestellt (s. Abb. 192). Die Kennzeichnung jedes einzelnen Balkens entspricht der im Konstruktionsplan festgelegten Kennziffer. Der Konstruktionsplan wiederum ist nach einem Raster aufgebaut (z. B. Achsmaß 125 cm oder 62,5 cm), in dem alle zueinanderstehenden Bauteile (Wände, Decken etc.) als Achsen definiert werden, die mit Buchstaben oder Zahlen gekennzeichnet sind. Mit dieser Kombination kann jeder Balken bzw. jedes Holzteil mit einer Kennziffer versehen werden, was für die Montage auf der Baustelle notwendig ist!

192 Montage von Balkenträgern nach dem Abbund im Werk

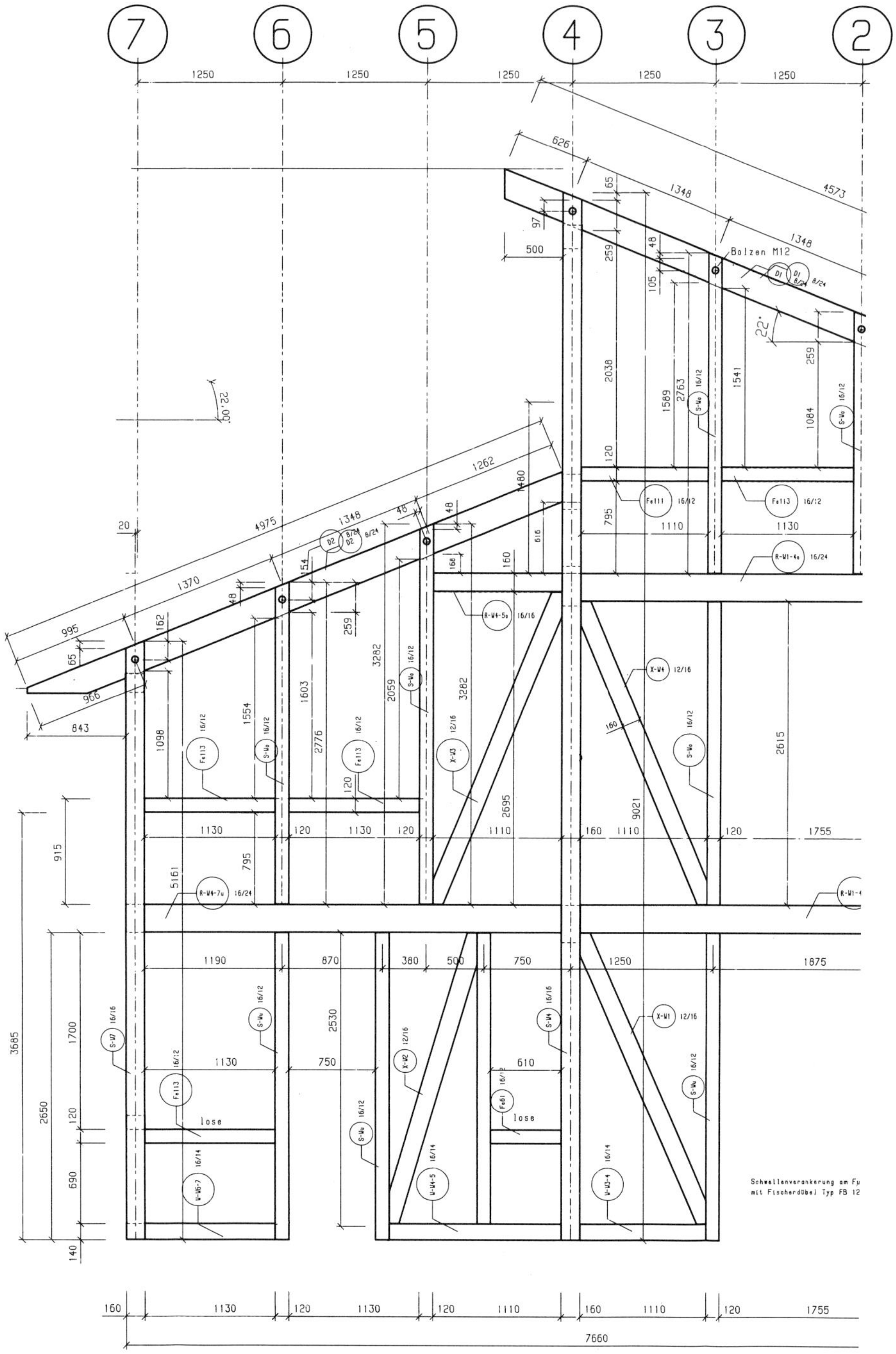

Zeichnung 35: Konstruktions- und Ausführungszeichnung, mit CAD angefertigt (Quelle: Firma Hansen & Detlefsen, Husum)

Der systematische Ablauf in der Übersicht:

Vom Bauherren bzw. Architekten zu erstellende Zeichnungen
Grundrisse
Ansichten
Schnitte
Dachaufbau
Dachdraufsichten
Wandaufbau und Stärken
Fußbodenaufbau

↓

Eingabe der Daten in CAD (siehe Checkliste im Anhang) beim Leimbinder-Hersteller

↓

Systemzeichnung im Maßstab 1:100 oder 1:50 Inklusive Statik und Konstruktion (Bezeichnungen, Achsen, Maße, Knotenpunkte, etc.)

↓

An Bauamt und Prüfstatiker

↓

Genehmigung vom Bauamt und Prüfstatiker

↓

Abstimmung mit Bauherr/Architekt, ggf. mit bauausführendem Zimmereibetrieb

↓

Konstruktions- und Ausführungs- zeichnungen (CAD) im Maßstab 1:25; *Zeichnungen für Abbund und Montage*

↓

Abstimmung mit Bauherr/Architekt

↓

Abstimmung mit Abbundmeister (Detailergänzungen und Holzliste mit Positionsbezeichnung/Stückliste)

↓

Koppelung mit Abbundprogramm (Diskette für die Abbundanlage)

↓

Produktionsbeginn der einzelnen Leimbinder

Exkurs: Verbindungsmittel

Neben den traditionellen Verbindungstechniken des Zimmererhandwerks treten mechanische Verbindungstechniken immer mehr in den Vordergrund; das gilt ganz besonders für den Holz-Skelettbau aus brettschichtverleimten Balken. Hier soll kurz auf die wichtigsten Verbindungsmittel eingegangen werden.
Betonwinkel (s. Abb. 193) werden immer dann eingesetzt, wenn Ständer direkt mit dem Beton zu verankern sind, wobei für die Verbindung Winkel/Beton Schwerlast-Spreizdübel verwendet werden.
Zu den wichtigsten Verbindungsmitteln gehört im Holzbau allgemein der *Winkelverbinder* (s. Abb. 194), den es in verschiedenen Varianten – je nach statischen Anforderungen – gibt.
In der Bildmitte ist eine *Gewindestange* mit einem *Ringkeildübel* zu erkennen, die mittig in die Hirnholzfläche eingelassen wurde (die Gewindestange, mit einem Spezialleim versehen, ist ca. 20 cm tief in den Balken eingeführt worden und hat eine Zugkraft von ca. 9 t). Dieses Verbindungsmittel wird dort eingesetzt, wo vertikale und horizontale Balken aus statischen Gründen zu verschrauben sind, um Querkräfte über den Ringkeildübel und Zugkräfte über die Gewindestange abzufangen. Das setzt aber voraus, daß der zu verbindende Balken mit einem Bohrloch *und* einer kreisrunden Flachnut versehen ist (s. Abb. 195).
Das wichtigste Verbindungsmittel im Holzleim-Skelettbau ist jedoch der *Balkenträger* (s. Abb. 194), der Balken horizontal (mit Hilfe von Stabdübeln) miteinander verbindet. Balkenträger werden – je nach statischer Anforderung – in unterschiedlichen Größen angeboten (Hersteller: BMF, Baubeschläge, Flensburg) und immer mit Rillen- bzw. Kammnägeln befestigt. Der vorspringende Teil, der dem Zapfen bei der traditionellen Verbindungstechnik entspricht, ist mit Löchern versehen, die dem Durchmesser der zu verwendenden Stabdübel angepaßt sind.
Das Gegenstück, also der zu verbindende Balken, ist mit einem Schlitz versehen, wobei die Auflagefläche des Balkenträgers im Hirnholz freigefräst ist (Taschenfräsung), damit die Balken paßgenau zusammenmontiert werden können (s. Zeichnung 36 und Abb. 196).

193 Betonwinkel

194 Winkelverbinder (links), eingeleimte Gewindestange mit Ringkeildübel (Mitte); Balkenträger (rechts)

195 Mit Bohrloch und Flachnut versehener Balken

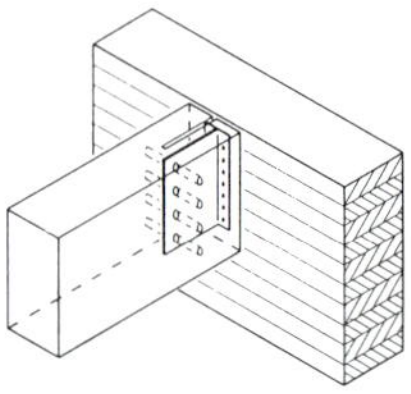

Zeichnung 36: Konstruktive Darstellung einer Balkenträgerverbindung (Quelle: BMF Baubeschläge, Flensburg)

Die Stabdübel sind an der Einschlagspitze konisch gefräst, um das Einschlagen während der Balkenmontage zu erleichtern und die paßgenaue Balkenverbindung zu gewährleisten (s. Abb. 197, 198).
In Abbildung 198 wird die Präzision des Zuschnitts und der Verbindungstechnik durch Balkenträger deutlich. Interessant ist aber auch, daß die Taschenfräsung und der Führungsschlitz für den Balkenträger nicht über die ganze Hirnholzfläche gefräst bzw. gesägt wird, damit die Verbindungstechnik nur von oben sichtbar ist, während unten die Balken stumpf zusammenstoßen. Ein wichtiges Detail, wenn die Balken im Raum von unten sichtbar bleiben sollen.
Die in der Abbildung 198 noch sichtbaren Führungslöcher für die Stabdübel lassen sich abdecken, indem man die Löcher nach dem Versenken der Stabdübel mit Kiefernpfropfen ausfüllt und plan schleift. Das setzt natürlich voraus, daß entsprechend kürzere Stabdübel verwendet werden.
Neben diesen beschriebenen Verbindungsmitteln sind noch Einlaß- und Einpreß-Dübel sowie Balkenwinkel (Knaggen) und Bolzenverbindungsmittel (Schraubenbolzen und Paßbolzen) zu erwähnen.

196 Balkenträger, Führungsschlitz und freigefräste Hirnholzfläche (Taschenfräsung)

197 Einschlagen eines Stabdübels

198 Montierte Leimbinder ohne sichtbare Schlitze und Taschenfräsung

Montage des Bürohauses

199 **Zur Verarbeitung gelagerte Bauteile**

Zum Zeitpunkt der Anlieferung sollte ein erfahrener Zimmermann des Leimbinderherstellers anwesend sein, um das Montageteam anzuweisen, in welcher Reihenfolge die Bauteile und damit die komplette Skelettkonstruktion zu montieren sind.
Er bestimmt auch vor Ort, wo die einzelnen Balkenpakete am Bauplatz abzulagern sind, um die Montage ohne lange Wege optimal vorzubereiten (s. Abb. 199).
Anhand des Konstruktionsplanes, der jetzt Montageplan ist, werden die Hölzer nach Achsen sortiert, was durch die Kennziffern am Hirnholz erheblich erleichtert wird, die auch im Montageplan enthalten sind (s. Zeichnung 37).
Vor der Balkenmontage sollte unbedingt geprüft werden, ob die Fundamentfläche gleichmäßig geschüttet und abgezogen wurde, also keine Höhenunterschiede aufweist. Im Holzrahmenbau, wo die Wandschwellen als erstes Bauteil ausgelegt werden, ist dieses Problem durch Nachnivellierung zu lösen (s. Kapitel 2, Niedrig-Energie-Haus, S. 61–63). In den Fällen aber, wo die Schwelle bereits mit der Wand verbunden ist, ist es sinnvoll, die Fundamentfläche nachzunivellieren und Höhenunterschiede mit entsprechenden Hilfsmitteln auszugleichen.
Erst wenn diese Frage geklärt ist, kann mit der Montage der Balken begonnen werden. Dabei ist es im Holzleim-Skelettbau üblich, daß Schwelle, Ständer, Riegel und Rähm zu einem Wandelement flach liegend miteinander verbunden und später lotrecht aufgerichtet werden. Diese horizontale

200 **Ausgelegtes und vormontiertes Außenwandskelett**

201 **Verschraubung eines Ständers mit der Schwelle (vgl. Abb. 194)**

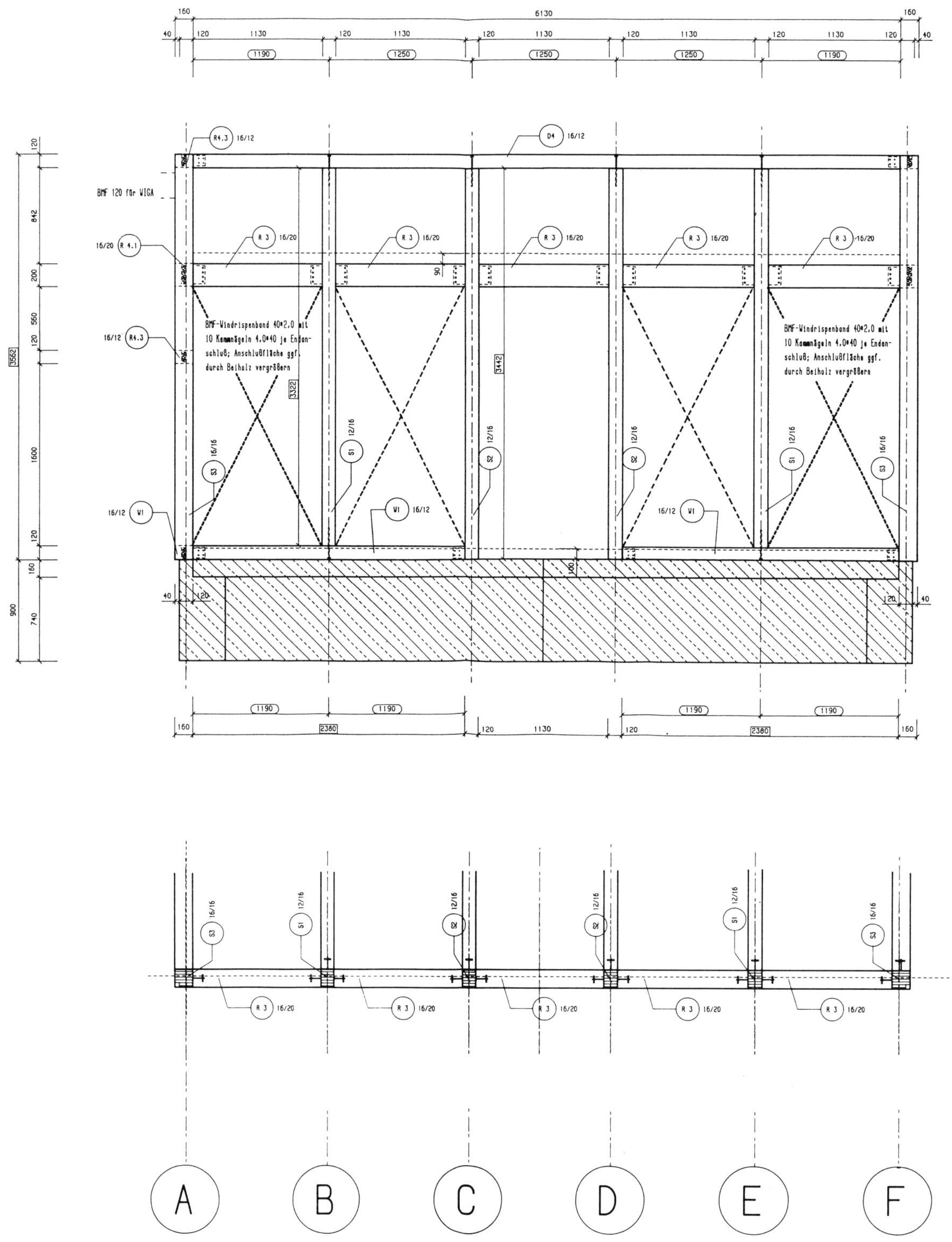
6130
160
40
120
1130
1190
1250
R4.3 16/12
D4 16/12
BMF 120 für WIGA
16/20 R 4.1
R 3 16/20
16/12 R4.3
BMF-Windrispenband 40*2,0 mit 10 Kammnägeln 4,0*40 je Endanschluß; Anschlußfläche ggf. durch Beiholz vergrößern
3322
3442
3562
S3 16/16
S1 12/16
S2 12/16
16/12 W1
W1 16/12
842
200
550
1600
2400
900
740
2380
A
B
C
D
E
F

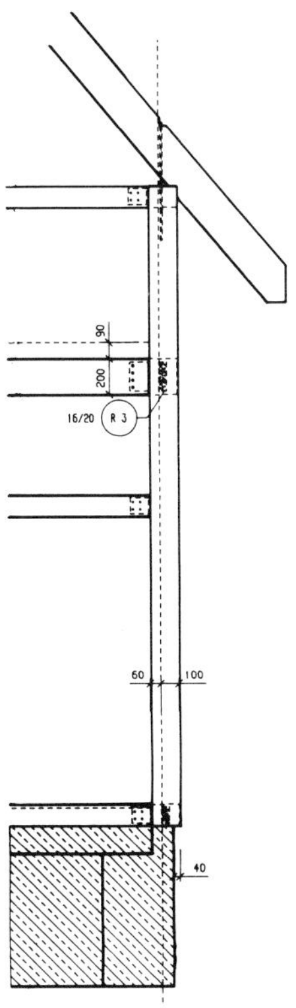

Zeichnung 37: Beispiel eines Konstruktions- und Montageplans für eine Außenwand des Bürogebäudes (Achse 1)

Montage ist notwendig, da die Ständer mit der Schwelle verschraubt werden (s. Abb. 200, 201).
Sobald alle Ständer mit der Schwelle verschraubt sind, können die Querriegel eingepaßt und mit den werkseitig vormontierten Balkenträgern verbunden werden (s. Abb. 202).
Anschließend wird der Rähmbalken mit den Balkenträgern der Ständer und Eckpfosten verbunden und mit Stabdübeln verspannt (s. Abb. 203, 204).
In der Abbildung 204 sind links die Balkenträger zu sehen, mit denen später die Deckenbalken verbunden werden.
Sobald die erste Wand erstellt ist, beginnt die Montage einer Giebelwand, deren einzelne Bauteile wiederum nach dem Montageplan ausgelegt, zusammengesetzt und verbunden werden (s. Abb. 205).
Ist das Giebelelement montiert, wird die Außenwand lotrecht gerichtet und mit Dachlatten abgefangen (s. Abb. 206).
Im Anschluß daran kann die vormontierte Giebelwand gerichtet und im Eckpunkt mit den Balkenträgern des Wandelements verbunden und mit Dachlatten gesichert werden (s. Abb. 207).

Nachdem die ersten Wandskelette gerichtet und miteinander verbunden sind, beginnt bereits die Montage der zweiten Außenwand (s. Abb. 208). In dieser Phase sollte eine Arbeitskraft dafür verantwortlich sein, noch fehlende Stabdübel einzuschlagen und zu versenken, falls die Führungslöcher mit Holzpfropfen abgedichtet werden sollen.
Dazu gehört wieder das Abnageln der Balkenträgerverbindungen mit Stabdübeln, aber auch das Verspannen von Bauteilen, um eine fugendichte Verbindung zu erhalten (s. Abb. 209).
Nach der »Boden-Montage« wird die zweite Wand gerichtet und mit den Balkenträgern der nördlichen Giebelwand verbunden (s. Abb. 210).
Bevor die südliche Giebelwand montiert werden konnte, war es bei diesem Haus notwendig, den deckenbalkentragenden Mittelbalken in Längsrichtung des Hauses zu befestigen (s. Abb. 211).
Wurden die bisherigen Wände noch am Boden zusammengebaut, so mußte die südliche Giebelwand aufgrund des vorspringenden Erkers direkt mit der vorhandenen Skelettkonstruktion verbunden werden. Auch hierfür war ein separater Montageplan maßgebend (s. Zeichnung 38 [S. 133] und Abb. 212 [S. 132]).
Während die beiden Giebel komplettiert wurden, begann man damit, die Deckenbalken einzusetzen, wobei sie von unten über die vormontierten Balkenträger gesteckt wurden, so daß die Führungsschlitze und Frästaschen nur von oben sichtbar waren, während die Balken unten fugendicht zusammenstießen (vgl. Abb. 197, 198).
Die Distanz zwischen den beiden Giebeln, aber auch die Montagehöhe im Obergeschoß machten es notwendig, die beiden giebelverbindenden Mittelpfetten mit Hilfe eines Kranes zu montieren. Deshalb entschloß man sich, die Mittelpfetten und die sie verbindenden Kehlbalken vorher komplett zusammenzufügen (s. Abb. 213).
Nachdem zwei zusätzliche Stützen für die Mittelpfetten befestigt waren, wurden die Auflagepunkte für die Sparren auf den Rähmen und Pfetten angerissen.
Aufgrund des hohen Eigengewichts der Sparren (ebenfalls Leimbinder) war für das Richten ebenfalls Kranhilfe notwendig (s. Abb. 214, 215).
Nachdem alle Sparren an Rähm und Mittelpfette befestigt und im Firstpunkt überblattend abgenagelt waren, wurde damit begonnen, die in dem Montageplan angegebenen Wandfelder mit Leimbindern auszusteifen (s. Abb. 216).
Eine Aussteifung durch Mauerwerk wäre auch möglich.

203 Einpassen des Rähmbalkens in den Balkenträger des Eckpfostens

202 Einpassen eines Riegels in die Balkenträger der Ständer

202

203

204

205

204 Fertig montierte Skelett-Außenwand (ohne aussteifende Streben); links: der Rähm, rechts: die Schwelle

205 Ständer- und Rähmmontage der Giebelwand (im Hintergrund das Außenwandskelett)

206 Lotrecht gesetzte Außenwand

207 Richten der nördlichen Giebelwand des Bürohauses

208 Montage der zweiten Außenwand auf dem Fundament des künftigen Bürohauses

206

207

208

209 Fugendichtes Verspannen von Bauteilen (hier: Rähm auf Ständer)

210 Einpassen der zweiten Außenwand in die Balkenträger der Giebelwand

211 Einpassen des Mittelbalkens für die Balkenlage

212 Montagearbeiten an der südlichen Giebelkonstruktion (hier: kurze Gratsparren)

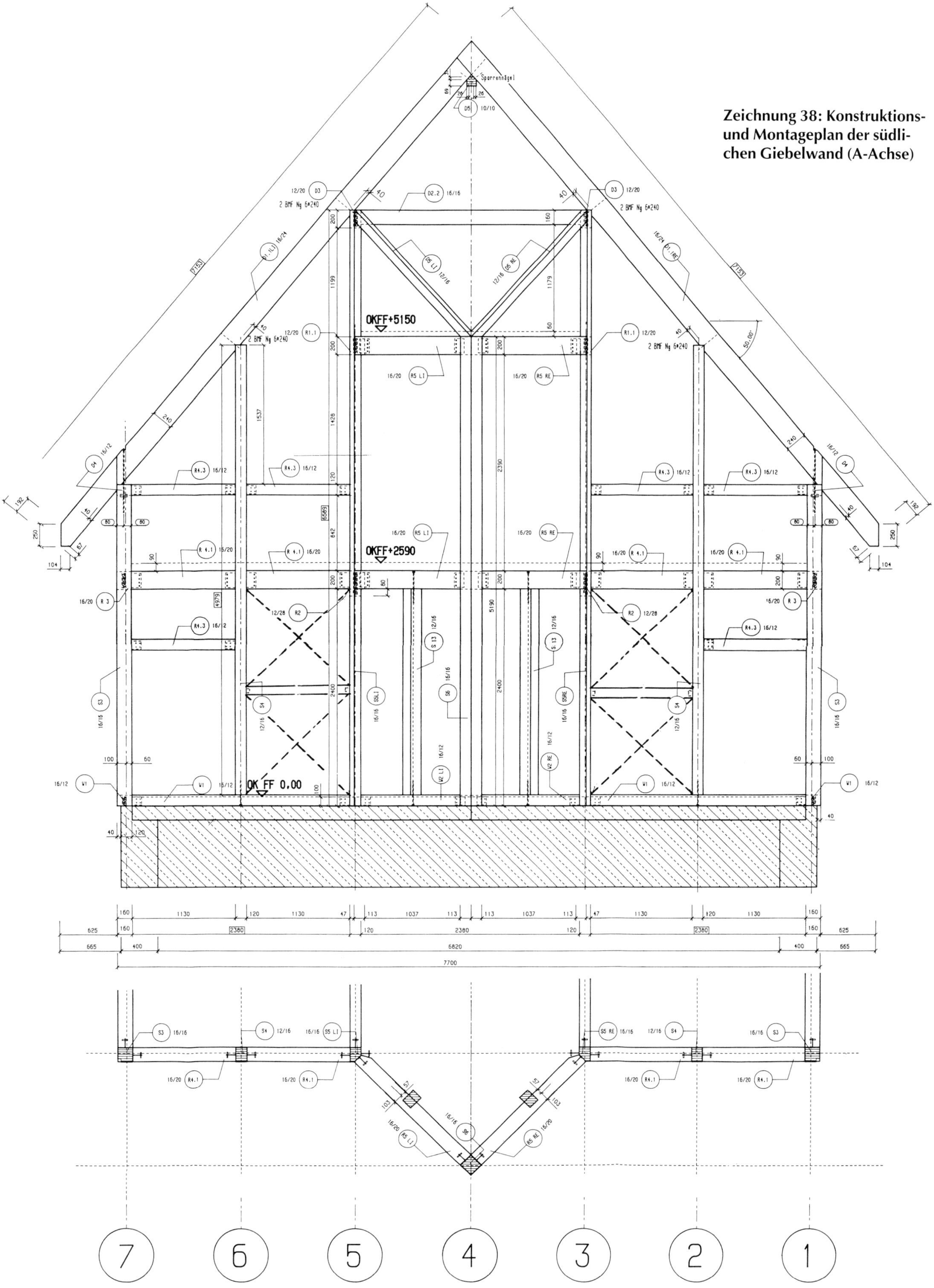

Zeichnung 38: Konstruktions- und Montageplan der südlichen Giebelwand (A-Achse)

213

214

215

216

213 Vormontiertes Mittelpfettengebinde mit Kranhilfe montieren

214 Richten des Giebelsparrens

215 Komplett montiertes Haus in Skelett-Bauweise (ohne Aussteifungen)

216 Aussteifung eines Wandfeldes mit diagonal überblattenden Leimbinder-Streben

217 Auslegen und Vormontage eines Wandteils

Montage des Kinder/Gäste- und des Wohnhauses

Die bisher beschriebene Montagebauweise wiederholt sich im wesentlichen im zweiten und dritten Bauabschnitt (Kinder- und Gästehaus, Wohnhaus).
Da die Skelett-Bauweise mit Leimbindern aber sehr unterschiedliche Gestaltungsmöglichkeiten zuläßt, sollen die wichtigsten Montagephasen der verbleibenden Bauabschnitte kurz erläutert werden.
Die Bauphase beginnt wieder mit dem Auslegen und Vormontieren einzelner Wandteile oder kompletter Wände (s. Abb. 217).
Bei der Vormontage ist zu bedenken, ob das Element »von Hand« oder mit Hilfe eines Kranes bewegt werden soll. Wo eine schnelle Montage gewünscht wird, sollten sich Vormontage und Kraneinsatz optimal ergänzen, um den Zeiteinsatz des Kranes zu begrenzen. Andererseits sind im Holz-Skelettbau geschoßübergreifende Balkenlängen herstellbar, die nur mit Hilfe eines Kranes vor Ort zu montieren sind; außerdem reduziert sich dadurch die Unfallgefahr (s. Abb. 218, 219).

Auch in den folgenden Abbildungen wird deutlich, daß auch bei der Sparrenmontage auf Kranhilfe nicht verzichtet werden kann, zumal das rißgenaue Justieren eines Sparrens dieser Größenordnung kraftaufwendig genug ist (s. Abb. 220).
Aufgrund der statischen und konstruktiven Vorteile brettschichtverleimter Balken und der damit verbundenen Verbindungstechnik ist es möglich, nach Montage und Aussteifung der wichtigsten Bauteile ergänzende Montagearbeiten in Eigenleistung auszuführen, da die Verbindungstechnik sehr einfach und mit wenigen Werkzeugen ausgeführt werden kann. Das können noch fehlende Aussteifungen oder Riegel sein, aber auch noch zu montierende Deckenbalken und anderes.
In unserem Beispiel übernahm der Bauherr einen Teil dieser Detailarbeiten, so daß sich die Zimmerleute auf die Montage des Wintergarten-Skeletts konzentrieren konnten (s. Abb. 221).

218 Montage eines stockwerkübergreifenden Giebelständers (ohne Kranhilfe!)

219 Mit dem Kran transportierte rechte Mittelpfette mit montierter Stütze

220 Rißgenaues Einpassen des Giebelsparrens

221 Montage des Wintergarten-Skeletts nach dem »Rohbau« des Kinder- und Gästehauses

Auch während der Montage der Bauteile für den Wintergarten wurde die Maßhaltigkeit des computergesteuerten Abbunds deutlich (Herstellergarantie: Maßtoleranz von +/– 1 mm!). Diese Maßgenauigkeit ist teilweise so extrem, daß ein Spanngurt notwendig ist, um die Bauteile fugendicht zusammendrücken und dann die Stabdübel durchgängig einschlagen zu können (s. Abb. 222).
Der dritte und letzte Bauabschnitt, das Wohnhaus, wurde ebenfalls nach dem beschriebenen Montageablauf aufgebaut, wobei wieder bis zur Mittelpfetten- und Sparrenmontage alle tragenden Wände und Balkenlagen »von Hand« verbunden wurden. Erst zum Abschluß war wieder der Kraneinsatz erforderlich (s. Abb. 223).
Dabei tauchten Verbindungsprobleme auf, die aber mit einfachen Hilfsmitteln zu lösen waren. Einerseits war es wieder notwendig, Verbindungspunkte deckungsgleich zu spannen; andererseits mußten Mittelpfetten in die Ausklinkungen (Kerven) der Sparren gedrückt werden, um die Kehlbalken einpassen zu können (s. Abb. 224). In dieser Abbildung ist deutlich zu sehen, daß die Auflagepunkte der Spreizlatte mit einem Querholz unterlegt wurden, um Druckpunkte auf den Balken zu verhindern.
Ein Skelett-Bauteil soll noch kurz erwähnt werden, bei dem die Idee einer *Küche als Wintergarten* integriert werden sollte (Wunsch der Ehefrau nach natürlichem Licht). Hierfür wurde die Skelettkonstruktion auf einem herausgezogenen Plattenfundament montiert und in die Dachfläche hineingezogen (s. Abb. 225).
Nach der Dacheindeckung und Wandverschalung wurden im späteren Bauablauf die Seiten- und Dachflächen mit Isolier- und Sicherheitsglas abgedeckt (s. Abb. 240).

222 Bauteile des Wintergartens mit einem Spanngurt fugendicht spannen (vgl. Abb. 209)

223 Letzter Kraneinsatz beim Richten des Dachstuhls auf dem Wohnhaus

224 Mittelpfetten mit einer Spreizlatte in die Ausklinkungen der Sparren drücken

225 Montage des Holz-Skeletts für den »Küchen-Wintergarten«

226 Nach der Dachflächenermittlung (Dachbreite) wird der Überstand der Dachlatten abgesägt

Dacheindeckung

In vorhergehenden Bauablaufbeschreibungen wurde bereits auf die Dachziegeldeckung eingegangen (s. S. 30–33, 36–38 und 76–81), so daß hier nur wesentliche Unterschiede berücksichtigt werden.
Im Gegensatz zu den bisherigen Beispielen legte der Bauherr Wert darauf, das Unterdach aus einseitig gehobelter Nut- und Federschalung herzustellen. Bei dieser Dachschalung, direkt auf die Sparren genagelt, wurde an den Ortgängen ein zusätzlicher Überstand von 10–15 cm eingehalten, um die Ziegeldeckung zu erleichtern. Nach der Schalung wurden die Dachflächen mit Bitumenpappe eingedeckt und im gleichen Arbeitsgang mit Abstandsleisten (Konterlattung) versehen, so daß schrittweise mit dem Einlatten der Dachflächen begonnen werden konnte, nachdem der Lattenabstand (Ziegellänge abzüglich Mindestüberdeckung) festgelegt war.
Da die Tondachziegel ohne Verschnitt von Ortgang zu Ortgang zu verlegen waren, war es notwendig, die *mittlere Deckbreite* vorher zu ermitteln (Deckbreite zehn gezogener oder gestoßener Dachziegel). Hierfür werden zwölf Dachpfannen ausgelegt und der jeweilige Abstand zwischen zweitem und elftem Dachziegel gemessen. Danach kann die gesamte Deckbreite (Traufenlänge) genau ermittelt und die Unterdachfläche entsprechend zugeschnitten werden.
Ist die Deckbreite bekannt und auf die Dachbreite übertragen worden, wird sie an der Traufe und am First (wobei der rechte Winkel einzuhalten ist; mit der 3 : 4 : 5-Methode[4] arbeiten) gekennzeichnet und mit der Schlagschnur auf die Dachfläche übertragen (Sägeschnitt) (s. Abb. 226).
Um das Ortgangbrett solide befestigen zu können, wurden die Dachlatten am Dachrand mit einer Abstandsleiste (Konterlatte) unterfüttert und ein Brett der Deckelschalung kantenbündig unter die Dachschalung genagelt (s. Abb. 227, 228).

227 Vordere Dachfläche mit Konterleisten, Dachlatten, Ortgang- und Traufenbrett kurz vor der Ziegeleindeckung

228 Ortgangdetail nach der Eindeckung: Ortgangdachziegel, Ortgangbrett, Unterschlagbrett, Dachschalung und Wandverkleidung (Deckelschalung)

[4] Siehe hierzu: Bernd Grützmacher, Holzhäuser selber bauen und montieren, München 1993, S. 12–13.

Außenverkleidung in Deckelschalung

Lesern, die sich für Außenbekleidungen aus Holz interessieren, sei die gleichnamige Informationsbroschüre empfohlen, die die Arbeitsgemeinschaft Holz e. V., Düsseldorf, kostenlos zur Verfügung stellt.
Detailliertere und baufachlich umfangreichere Informationen, in denen auch verschiedene Anschlußdetails dargestellt werden, können dem Buch »Holzrahmenbau« (hg. vom Bund Deutscher Zimmermeister) entnommen werden, aus dem die Zeichnungen 39 a und b wiedergegeben werden.
Verwendet man statt der schmalen, fugenabdichtenden Deckelleisten gleichformatige Bretter und erweitert gleichzeitig den Zwischenabstand der Kriecherschalung, entsteht die sogenannte Deckelschalung aus Kriech- und Deckbrettern. Dabei sollten die oberen Bretter (Decker) die unteren (Kriecher) seitlich um jeweils 2,5–3,5 cm überdecken. Abhängig vom Querformat der Bretter, insbesondere der Breite, lassen sich verschiedene Möglichkeiten skizzieren (s. Zeichnung 40).
Neben dem Anfertigen von Skizzen ist zu empfehlen, sich fertige Außenverkleidungen mit Deckelschalung anzusehen, um die Aufteilung zu finden, die der Optik des künftigen Hauses am ehesten entspricht. Auch das Auslegen oder probeweise Anstiften unterschiedlicher Aufteilungen ist zu empfehlen.

Für dieses Haus entschied sich der Bauherr für eine gleichformatige Deckelschalung aus kesseldruckimprägnierten, gehobelten Brettern mit einem Querformat von 145 × 18 mm, die mit einem Zwischenraum von 75 mm verlegt werden sollte, so daß eine beidseitige Auflage von jeweils 35 mm verblieb (s. Zeichnung 41).
Nach dieser Skizze ließ sich auch die Bestellmenge errechnen: Um 1 m (102,5 cm) Außenschalung zu montieren, waren vier Kriecher und fünf Decker notwendig, die ohne Überdeckung eine Gesamtbreite von 130,5 cm ergäben. Für diese Deckelschalung ist also ohne Verschnitt ein Mehrbedarf von rund 30% einzuplanen. Der Verschnitt läßt sich aber reduzieren, wenn nach Längen bestellt wird.
Im vorigen Kapitel hatte sich der Bauherr für eine Unterkonstruktion entschieden, die eine vollflächige Hinterlüftung gewährleistete. In diesem Beispiel entschied sich der Bauherr, die Deckelschalung auf einer horizontalen Lattung zu befestigen (vgl. Zeichnung 39 b), die er ebenfalls in einer Skizze festhielt (42 a) und durch eine Vergleichsskizze (42 b) ergänzte.
In der Zeichnung 42 a fällt auf, daß die Skelettkonstruktion *unbeplankt* mit einer Wind- und Feuchtigkeitssperre (Percalor) abgedichtet werden sollte, die durch die Unterkonstruktion für die Deckelschalung (Latten 4 × 6 cm) zusätzlichen Halt erhielt. Die Beplankung konnte entfallen, da die in sich ausgesteifte Skelett-Bauweise keine zusätzlichen, aussteifenden Platten benötigt.
Nach dieser Entscheidung konnten weitere Skizzen angefertigt werden, die für die Montage maßgebend waren; so zum Beispiel die Fensteranschlüsse (s. Zeichnung 43).

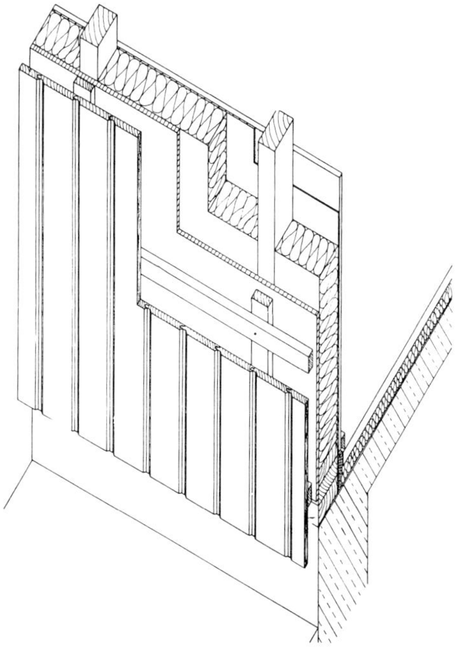

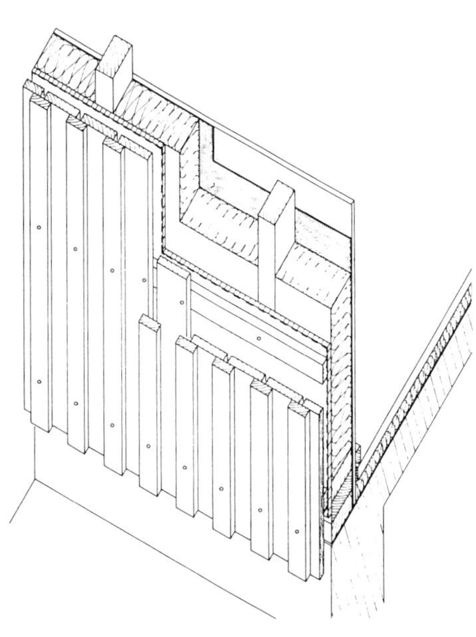

Zeichnung 39 a: Nut- und Federschalung mit aufgedoppelter Unterkonstruktion (Quelle: Bund Deutscher Zimmermeister [Hg.], Holzrahmenbau)

Zeichnung 39 b: Deckleisten-Schalung auf einfacher Unterkonstruktion (Quelle: Bund Deutscher Zimmermeister [Hg.], Holzrahmenbau)

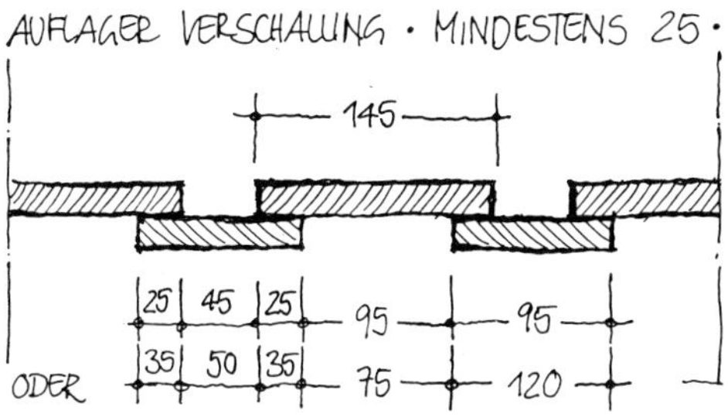

Zeichnung 40: Deckelschalungs-Alternativen bei unterschiedlich breiten Brettern (Skizze)

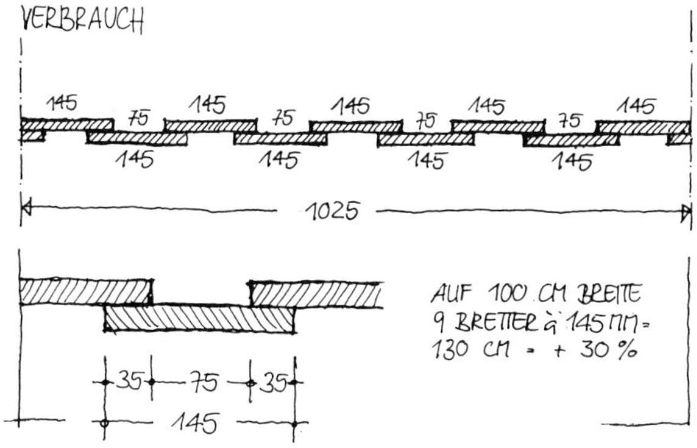

Zeichnung 41: Aufteilung der Deckelschalung und Verbrauchsberechnung (Skizze)

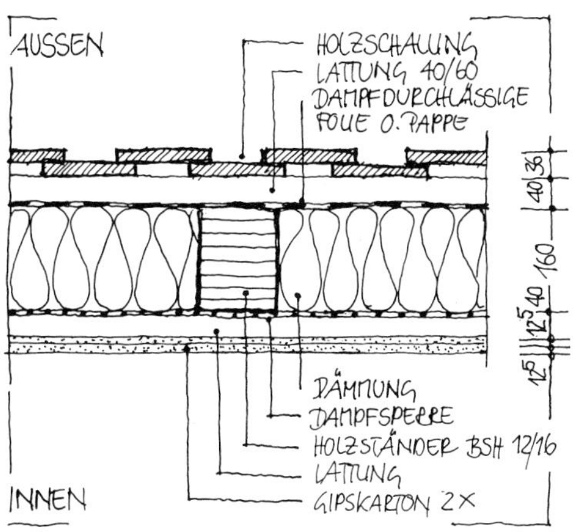

Zeichnung 42 a: Deckelschalung ohne Konterlatte (Skizze)

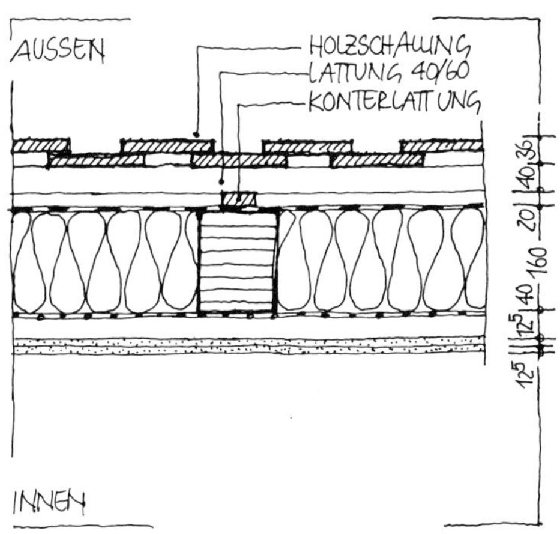

Zeichnung 42 b: Deckelschalung mit Konterlatte (Skizze)

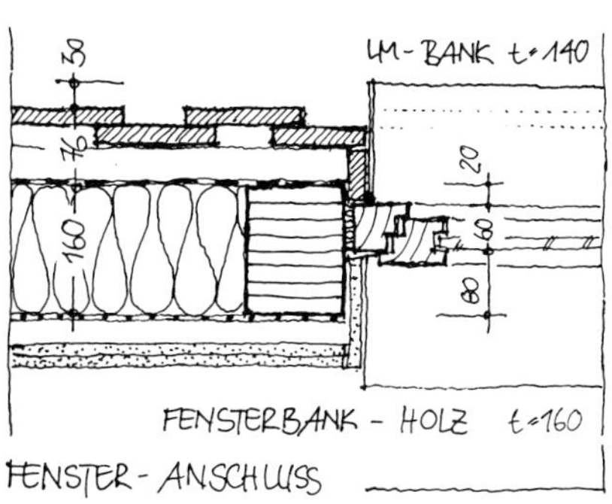

Zeichnung 43: Fensteranschluß an Kriech- und Deckerschalung (Skizze)

(Quelle: P. König, Bad Nenndorf)

229 **Befestigen der Wind- und Feuchtigkeitssperre**

Im ersten Arbeitsgang wurde die diffusionsoffene Zellulosepappe (Percalor) mit Dachpappnägeln auf die Holz-Skelett-Konstruktion genagelt (s. Abb. 229).
Anschließende Bahnen wurden dann mit einer Überlappung von 15–20 cm winddicht befestigt; eine empfehlenswerte Verklebung der Überlappungen konnte entfallen, weil die darunter liegende Wärmedämmung winddicht verlegt wurde. Um zu vermeiden, daß wandflächig verlegte Pappe durch Winddruck beschädigt werden könnte, ging man flächenweise vor, so daß nach dem Eindecken einer horizontalen Fläche bereits mit der Montage der Unterkonstruktion begonnen wurde.
Da die unterste Latte im spritzwassernahen Sockelbereich zu montieren war, wurde sie vorher in voller Länge unten schräg angeschnitten und mit einem Hilfsbrett, das unter der Schwelle provisorisch befestigt war, waagerecht gesetzt und angenagelt (s. Abb. 230).
Der schräge Anschnitt der Sockellatte hat den Vorteil, daß sich unter der Latte bildende Nässe nach außen abtropfen kann. Ergänzt wurde dieses Detail durch den ebenfalls schrägen Zuschnitt der Hirnholzflächen der Deckelschalung (s. Abb. 235).
Im Abstand von 60–70 cm konnten nun die weiteren Querlatten befestigt werden.
Um sich die Montage der Deckelschalung zu erleichtern, sollte eine *Schalungsschablone* angefertigt werden. Denn nachdem festliegt, in welchem (Zwischen-)Abstand Kriech- und Deckbretter zu befestigen sind, kann man diese Abstände 1:1 auf einer Leiste einzeichnen. Dafür eignet sich eine 2 m lange Leiste, auf der Kriech- und Deckelschalung aufgezeichnet sind (s. Abb. 231). Mit dieser Schablone überprüft man dann die einzudeckende Flächen-*Breite*, um zu klären, ob in Anschlußbereichen wie Tür, Fenster und Wandecken »Deckungsprobleme« auftauchen. Schließlich ist es nicht sinnvoll, an einer Wandecke mit der Schalung zu beginnen, um dann festzustellen, daß bereits bei der ersten Wandöffnung eine solide und optisch befriedigende Befestigung der Schalung nicht möglich ist.
Um derartige Anschlußprobleme zu vermeiden, ist dieses Hilfsmittel sehr zu empfehlen, auch wenn festgestellt wird, daß in einigen Anschlußbereichen »vermittelt« werden muß.

230 **Untere Latte mit einem Hilfsbrett in Waage setzen und abnageln**

231 Schalungsschablone mit maßgenauen Abständen der Kriech- und Deckerschalung

Ein weiteres Hilfsmittel ist die *Abstandsleiste*, deren Breite dem Abstand zwischen den Brettern entspricht (in diesem Beispiel 75 mm) und die zeitraubendes Anreißen der einzelnen Befestigungspunkte für die Bretter entbehrlich macht. Im ersten Arbeitsgang wurden die Kriecherbretter auf Länge geschnitten und unten schräg abgelängt. Diese Schräge entsprach der Schmiege der unteren Sockellatte (s. Abb. 235), die auf dem Hilfsbrett aufliegend mit der Schwelle verbunden war. Auch für die Montage der Schalung bietet dieses Hilfsbrett Vorteile, da es den unteren Punkt der Schalung festlegt (s. Abb. 232).
Sobald das erste Brett in genauer Länge zugeschnitten und lotrecht an einer Wandecke angenagelt wurde (Vorsicht: Kernseite immer nach außen!), wird die Abstandsleiste angesetzt, das zweite Kriecherbrett dagegen gedrückt und befestigt, wozu im ersten Arbeitsgang ein Drucknagler zu Hilfe genommen werden kann (s. Abb. 233).
Auch wenn die Abstandsleiste sehr hilfreich ist, sollte jedes 4. oder 5. Brett mit der Wasserwaage überprüft werden.
Sind die Kriecherbretter einer Wandfläche befestigt, werden die Deckbretter genau auf Länge gemessen und unten ebenfalls angeschrägt. In der Praxis wird man sich ein Musterbrett (s. Abb. 234) zuschneiden und die Kapp-Säge mit einer Längenschablone ausrüsten, um beim Zuschnitt der einzelnen Bretter Zeit zu sparen.

232 Schmiegig abgelängtes Kriecherbrett, auf dem Hilfsbrett aufliegend (rechts)

233 Gleicher Abstand der Kriecherbretter, mit Hilfe der Abstandsleiste ermittelt

234 Genaues Einmessen eines Musterbretts (Decker)

Nachdem das erste Eckbrett befestigt ist, wird wieder die Abstandsleiste zu Hilfe genommen, um das nächste (und die nachfolgenden) Deckbrett abstandsgleich zu montieren. Beim Abnageln der Deckbretter ist darauf zu achten, daß die verzinkten Nägel an den Kriechern vorbei in die Latte geschlagen werden. Und wer Wert darauf legt, daß die Nagelreihe in einer Linie verläuft, zieht entweder vorher eine waagerechte Linie oder heftet ein Brett waagerecht an. Letzteres Hilfsmittel bietet sich an, wenn keine Hilfslinien auf der Schalung sichtbar sein sollen. Nur dann können die Nägel zunächst vorgestiftet und nach Abnahme des Brettes nachgeschlagen werden.
Diese optische »Feinarbeit« ist immer dann zu empfehlen, wenn die Deckelschalung keinen Anstrich erhält.
Zur Optik gehört aber auch, daß Kriech- und Deckerbretter sich in der unteren Schmiege ergänzen, weshalb dem Einmessen und Ablängen besondere Sorgfalt gilt (s. Abb. 238).
Vergleicht man diesen Sockelanschluß mit dem des Hauses in Holzrahmenbauweise (Kap. III, Zeichnung 28 und 29), fällt auf, daß der in Abbildung 238 a und b dargestellte Überstand sehr kurz ist; künftigen Bauherren wird ein längerer Überstand empfohlen.

235 Sockeldetail: Deckelschalung, Sockellatte, Windsperre und Schwellenbalken

Auf zwei Konstruktionsdetails soll noch hingewiesen werden. Um eine Hinterlüftung zwischen Deckelschalung und Windsperre zu erreichen (das gilt auch für dieses Beispiel, ohne Konterlattung), ist konstruktiv dafür zu sorgen, daß zwischen Dachschalung (Unterdach) und Deckelschalung ein Lüftungsschlitz verbleibt. Um dieses bauphysikalisch wichtige Detail einzuhalten, wird vor dem Abmessen der Deckelschalung ein Brett an das Unterdach provisorisch (um es später wieder abnehmen zu können) gestiftet und danach jedes einzelne Brett gemessen und zugeschnitten (s. Abb. 236).
Nach Montage der Deckelschalung wird das Brett entfernt, so daß ein Lüftungsschlitz verbleibt.
Das zweite Konstruktionsdetail ist dort zu klären, wo die erdgeschoßhohe Schalung in die des Obergeschosses übergeht.
Die einfachste Lösung besteht darin, die Hirnholzflächen der unteren Deckelschalung mit einem wasserabführenden Metallprofil abzudecken, so daß die obere Schalung – oberhalb dieses Ablaufprofils – in gleicher Flucht, also ohne Versatz, weitergeführt werden kann, wobei ein Abstand von 0,5–1,0 cm eingehalten werden sollte.
Da aber ein derartiges Profilblech die Optik einer Wandfläche sehr beeinflußt, was nicht jedermanns Geschmack ist, kann dieser Übergang mit einem horizontal montierten Ablaufbrett (s. Zeichnung 44) oder in Form eines überblattenden Versatzes gelöst werden (s. Zeichnung 45).
Da der Bauherr sich für die zweite Lösung (Zeichnung 45) entschieden hatte, war es notwendig, die Unterkonstruktion (Latte) für die obere Deckelschalung um Brettstärke aufzudoppeln (s. Abb. 237).
Um die notwendige Überblattung zu erhalten, mußten die Kriecherbretter der unteren Schalung um ca. 10–12 cm länger als die Deckbretter zugesägt werden (s. Abb. 238 a und b).
Fenster- und Türanschlüsse wurden seitlich und oben nach der Bauskizze (Zeichnung 43) derartig ergänzt, daß die Fenster und Türen von innen gegen diese »Rahmen« gesetzt und durch die Blendrahmen bzw. Zargen hindurch mit den Ständern und Riegeln des Holzskeletts verschraubt werden konnten. Der untere Bereich wurde mit Fenster- bzw. Türblechen abgedeckt (s. Abb. 239).
Nach Abschluß der Außenverkleidung wurde mit dem Verglasen des Wintergartens, der beidseitig anschließenden Foyers und der Küchenwand begonnen. Da für Isolierverglasungen dieser Art Sicherheitsglas (8 mm Dicke) vorgeschrieben ist, das ein sehr hohes Eigengewicht hat, sollte von einer Selbstmontage abgesehen werden; dadurch werden auch Gewährleistungsprobleme vermieden (s. Abb. 240, 241).

236 Unter der Dachschalung ist das Brett zu erkennen, wonach die Längen der Bretter der Deckelschalung eingemessen werden (Bildmitte)

237 Um Brettstärke aufgedoppelte Unterkonstruktion für die obere Deckelschalung

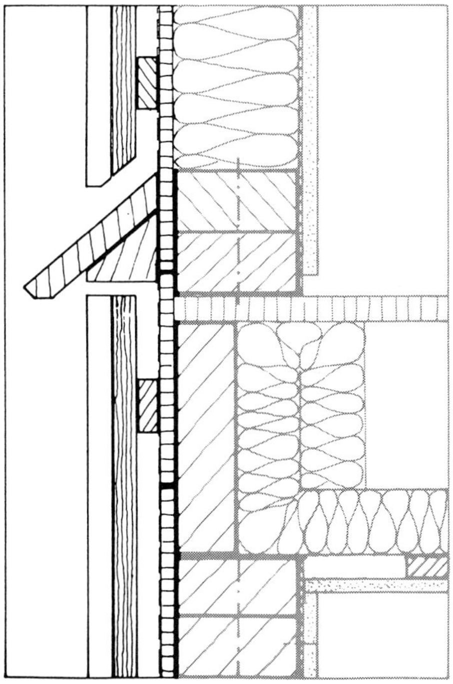

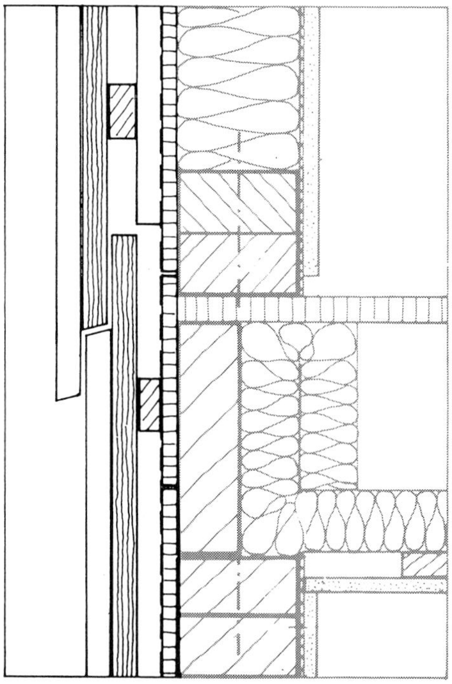

Zeichnung 44: Ablaufbrett zwischen unterer und oberer Deckelschalung (Quelle: Bund Deutscher Zimmermeister [Hg.], Holzrahmenbau)

Zeichnung 45: Übergangslösung durch überblattenden Versatz (Quelle: Bund Deutscher Zimmermeister [Hg.], Holzrahmenbau)

238a Übergang zwischen unterer Deckelschalung und oberen Kriechbrettern während der Montage

239 Fensterelemente und Deckelschalung; oben: Übergang der Deckelschalung in Fenstersprossenhöhe (!)

238b Fertige Deckelschalung nach Einbau der Fenster und des Terrassenelements

240 Verglaster Wintergarten mit gebäudeverbindenden, teilverglasten Fluren

241 Verglasung der Küchenaußenwand und Dachschräge

Fußboden und Dämmung

Der Innenausbau begann zunächst mit dem Verlegen der vorgetrockneten Fußbodendielen im Obergeschoß, die von unten sichtbar bleiben, oberhalb aber mit einem Trockenestrich versehen werden sollten. Deshalb konnte mit offener Nagelung befestigt werden. Um die statisch erforderliche Scheibenwirkung zu erreichen, mußten einige Fußbodenflächen diagonal mit Rispenbändern verspannt werden. Ebenfalls in Eigenleistung begann man danach alle Außenwände und Dachschrägen mit Mineraldämmplatten (zwei fugenversetzte Lagen à 80 mm) zu isolieren und mit einer Dampfsperre (Difunorm) flächig abzudecken (s. Abb. 242).

242 Isolierte Außenwand mit Dampfsperre und Unterkonstruktion für die Beplankung

Montage der Innenwände

- *Innenwände mit Mauerwerksausfachung*

Da im Holz-Skelettbau mit Leimbindern bereits in der Konstruktionsphase alle statischen Anforderungen berücksichtigt sind, kann der Bauherr davon ausgehen, daß das montierte, ausgewinkelte und ausgesteifte Haus-Skelett keine tragenden Innenwände mehr benötigt, also Trennwände in Leichtbauweise möglich sind.
Das schließt aber nicht aus, tragende Innenwand-Skelette mit Mauerwerk auszufachen, insbesondere dann, wenn diese Wände vertikal aussteifende Scheibenfunktionen zu erfüllen haben.
Neben der aussteifenden Funktion entschied sich der Bauherr auch aus optischen Gründen, einige Gefache mit Kalksandsteinmauerwerk (Format: 2 DF) auszumauern, deren Flächen später geweißt wurden (s. Abb. 243).
Diese Art der Aussteifung bietet sich auch deshalb an, weil die Querschnittsformate der Leimbinder und ihre hohe Tragfähigkeit eine solche Ausfachung zulassen.

- *Innenwände aus Metallprofilständern*

Analog zu nichttragenden Holzständerwänden besteht die Metallständerwand ebenfalls aus den Bauteilen Schwelle, Ständer und Rähm, nur daß hierfür verzinkte Stahlblechprofile verwendet werden (s. Abb. 244).
Für den Anschluß an Boden und Decke werden sogenannte UW-Profile verwendet, in die die Ständer (CW-Ständer) im Abstand von 62,5 cm eingestellt und verschraubt werden.
Neben der Einfachständerwand sind auch Doppelständerwände möglich; ebenso Einfach- und Mehrfachbeplankung (s. Zeichnung 46 a und b).
Für Trennwände im Einfamilienhaus eignen sich folgende Abmessungen (Profilbreite): 50 mm, 75 mm und 100 mm; bei einfacher beidseitiger Beplankung ergeben sich daraus Wandstärken von 75 mm, 100 mm und 125 mm.

243 Mit Kalksandstein ausgefachte Innenwand

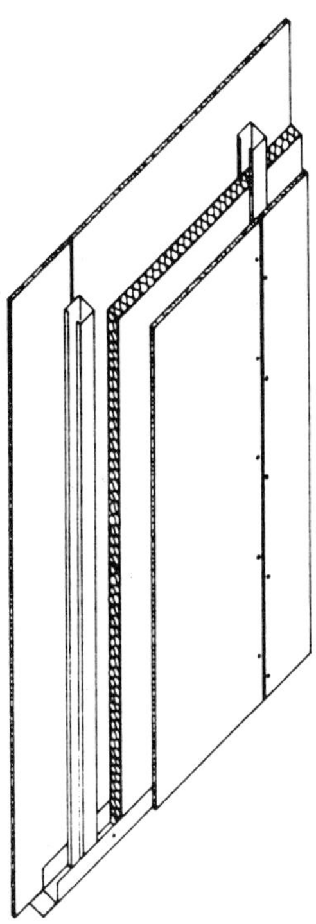

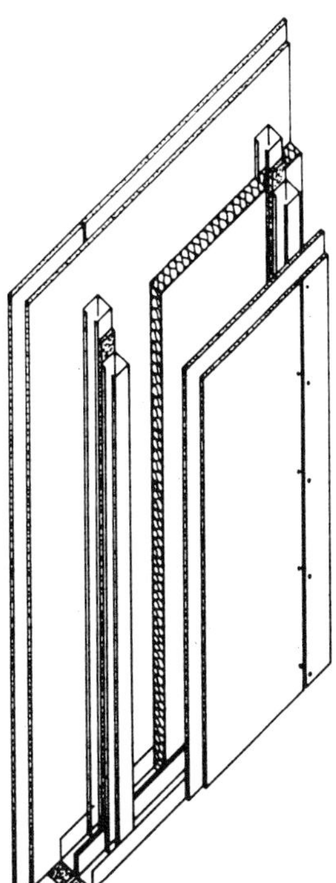

Zeichnung 46 a: Nichttragende Einfachständerwand mit einfacher Beplankung (Quelle: Bund Deutscher Zimmermeister [Hg.], Holzrahmenbau)

Zeichnung 46 b: Doppelständerwand mit zweifacher Beplankung (Quelle: Bund Deutscher Zimmermeister [Hg.], Holzrahmenbau)

244 **Verzinkte Stahlblechprofile für Metallständerwände (unten links: Kantenschutzprofile)**

Interessant an diesem Wandsystem ist neben dem geringen Gewicht und der kürzeren Montagezeit (im Vergleich zur Holzständerwand) die Rißunempfindlichkeit der Beplankung. Hinzu kommt die leichte Installierbarkeit aller Ver- und Entsorgungsleitungen und Sanitäreinrichtungen, für die spezielle Tragständer und Traversen zur Verfügung stehen (s. Abb. 245).
Auch bei diesem System beginnen die Montagevorbereitungen mit dem Anreißen des Wandverlaufs auf dem Fußboden (Richtscheit oder Schlagschnur verwenden), der dann mit der Wasserwaage auf die Decke übertragen wird.
Die auf der Baustelle zugeschnittenen UW-Profile für Fußboden und Decke werden vor der Montage mit einseitig klebender Anschlußdichtung (Filzstreifen) oder einem Dichtungsband versehen und auf dem Boden und an der Decke befestigt (Befestigungspunkte liegen maximal 100 cm auseinander). Für den Wandanschluß ist ein CW-Ständer zu verwenden, der vor der Montage ebenfalls mit einem Dichtungsband oder mit Trennwandkitt versehen wird. Die folgenden CW-Ständer werden dann in einem Achsabstand von 62,5 cm lotrecht in die Boden- und Deckenprofile gesteckt und verschraubt. Anschließend wird mit der Beplankung der ersten Wandseite begonnen, die Hohlraumdämmplatten verlegt und die Elektroinstallationen vorbereitet (s. Abb. 246, 247).
Nach Abschluß aller Installationsarbeiten erfolgt die Beplankung der zweiten Wandseite.
Kanten und Wandanschlüsse wurden mit Kantenprofilen versehen (festgetackert), deren Montage bereits beschrieben wurde (s. S. 111–113, Kap. III).

Hinweis für Bauherren: Folgende Firmen bieten Metallständer-Profile an: Profil-Vertriebs GmbH (Protector), Gaggenau; Gebr. Knauf Westdeutsche Gipswerke, Iphofen; Rigips GmbH, Düsseldorf

245 **Tragständer und Traversen für ein Handwaschbecken**

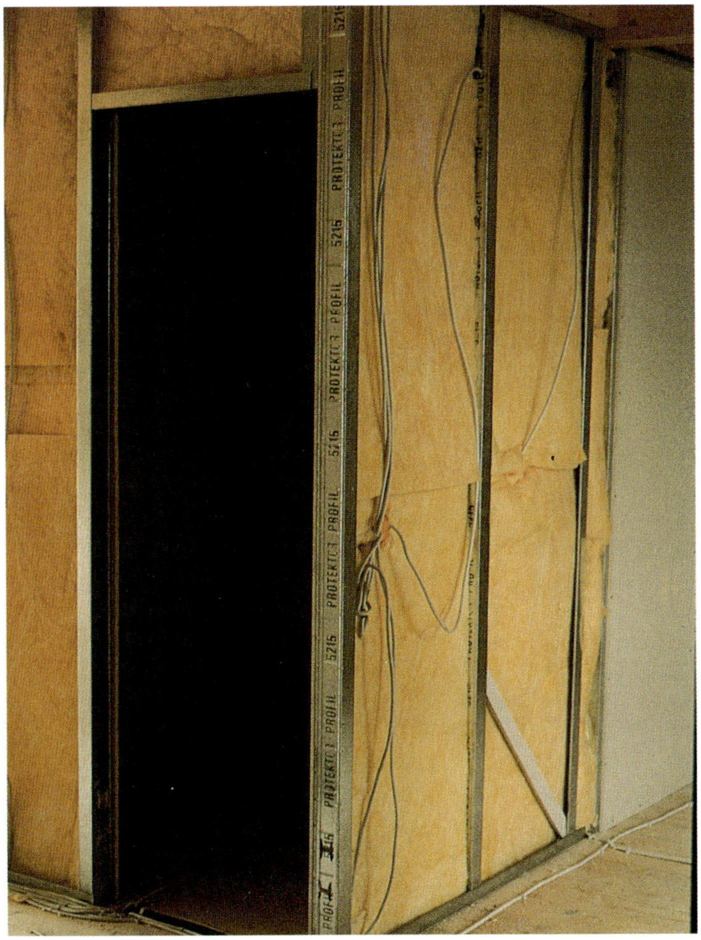

246 Nichttragende Metallständerwand mit Hohlraumdämmung

247 Metallständerwand kurz vor der Fertigstellung

248 Randdämmstreifen und mit Rippenpappe abgedeckte Trockenschüttung

Trockenestrich verlegen

Im Kapitel III (»Einfamilienhaus in der Holzrahmenbauweise«) wurde bereits kurz auf das Verlegen von Trockenestrichplatten mit Trittschalldämmung – ohne höhenausgleichende Trockenschüttung – eingegangen (s. S. 113).
Bei diesem Holzhaus-Ensemble war aber eine Trockenschüttung geplant, weshalb auch ein Großteil der Elektro- und Heizungsleitungen auf den Dielenfußböden verlegt wurde.
Außerdem legte die Familie großen Wert auf eine hohe Trittschall- und Wärmedämmung im Obergeschoß.
Im ersten Arbeitsgang wurden die Fußböden mit einer Wollfilzpappe ausgelegt (Rieselschutz). Anschließend wurden Randdämmstreifen an die Sockelkanten getackert, um Trittschallübertragungen zu vermeiden.
Um die darauf folgende Trockenschüttung waagerecht abziehen zu können, mußten vorher *Abziehlehren* höhengleich verlegt werden.
Als Trockenschüttung wurden bituminierte Hanfschnitzel (Mehabit; Fa. MEHA Dämmstoff GmbH, Schifferstadt) verwendet, die nach dem Abziehen mit einem Stampfer nachverdichtet werden mußten.
Nachdem die Trockenschüttung waagerecht abgezogen und verdichtet war, konnten die Lehren entnommen und die Fläche mit einer Rippenpappe (Titacord-Rippenpappe »N«) »auf Stoß« abgedeckt werden, wobei die gerippte Wollfilzseite auf der Schüttung auflag (s. Abb. 248).
Auf diese Fläche konnten dann die Trockenestrichplatten im »schleppenden Verband« verlegt werden, deren Falze vorher mit einem Montagekleber versehen wurden (eine Arbeit, für die die Tochter zuständig war) (s. Abb. 249, 250).
Trockenestrichplatten, die nicht vollflächig zu verlegen sind, können nur mit einer Handkreis- oder Stichsäge auf das gewünschte Format zugeschnitten werden.
Nach dem Verlegen der Trockenestrichelemente wurden die Stöße mit einem Fugenspachtel ausgeglichen und die Fläche damit für den endgültigen Fußbodenbelag vorbereitet.

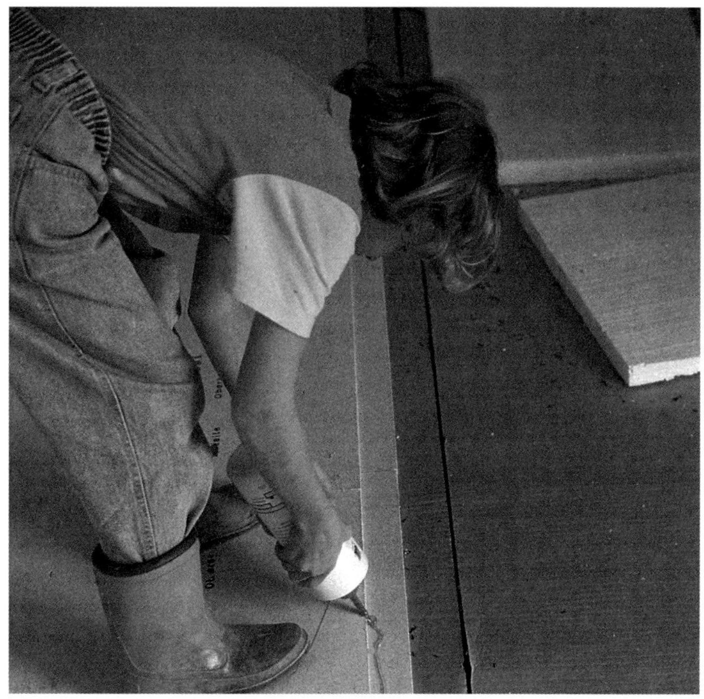

249 Falze auf Plattenlänge mit einem Montagekleber versehen

250 Verschraubung der falzüberblattenden Estrichplatten

Kostenaufstellung

Um die Kosten mit denen der anderen Häuser vergleichen zu können, wird nur das Wohnhaus des Ensembles vorgestellt (140 m² Wohnfläche).

A.	Rohbau		
A 1	Erdaushub	○	
	Fundamentierung	△	
	Bodenplatte	△	
	Teilunterkellerung	○	
	Treppenhaus (Mauerwerk)	△	DM 14 000,–
A 2	Holzskelett-Bausatz	□	
	Dacheindeckung	△	
	Klempnerarbeiten	○	DM 55 000,–
A 3	Außenwandverschalung	□	
	Fensterelemente	□	
	Wintergarten-Verglasung	○	DM 33 000,–
B.	Ausbau		
B 1	Dämmung	△	
	Wandverkleidungen	△	
	Leichtwände	△	
	Fußbodenunterbau	□	DM 25 000,–
B 2	Holztreppe	○	
	Innentüren	○	
	Balkonbelag	□	DM 11 000,–
B 3	Fliesenarbeiten	○	
	Malerarbeiten	△	
	Fußbodenbeläge	△	DM 16 000,–
C.	Haustechnik		
C 1	Heizungs- und Sanitärinstallation	○	
	Fußbodenheizung Erdgeschoß	○	
	Elektroinstallation	△	DM 32 000,–
C 2	Edelstahl-Schornstein	○	DM 5 000,–
C 3	Hausanschlüsse	○	DM 4 000,–
	Reine Baukosten inkl. MwSt.		DM 195 000,–

Zeichenerklärung

□ Montage = Eigenleistung (nur Materialkosten)
△ Teilweise Eigenleistung und teilweise Handwerkerleistung
○ Handwerkerleistung

Nachbemerkung: Holzrahmenbau oder Holz-Skelettbau?

Die in diesem Buch beschriebenen Holzhäuser lassen sich zwei Bausystemen zuordnen: Dem Holzrahmenbau (Kapitel I–III) und dem Holz-Skelettbau aus Leimbindern (Kapitel IV).
Der Holzrahmenbau wiederum unterscheidet sich in der Verwendung unterschiedlicher Querformate der Ständerkonstruktion, der aussteifenden Beplankung (Baufurnierplatten oder Holzspanplatten) und dem Grad der werkseitigen Vorfertigung einzelner Wandelemente. Bei den Querformaten wird man sich künftig auf Formate einigen, die eine ausreichende Isolierung nach den Wärmeschutzanforderungen eines Niedrig-Energie-Hauses zulassen, ohne daß innen mit Latten aufgedoppelt werden muß.

Ob einzelne Wandelemente werkseitig im Zimmerei- oder Herstellerbetrieb vorgefertigt werden oder nicht, ist weniger eine Frage der Kosten, sondern eher eine Frage der Witterungsabhängigkeit. Denn unabhängig von der Witterung und der Jahreszeit können Wandelemente werkseitig soweit vorgefertigt werden, daß die bauseitige Montage erheblich verkürzt und mit dem Innenausbau früher begonnen werden kann.
Ein interessanter Kostenpunkt ist jedoch – unabhängig von der Vorfertigung –, mit welchem Plattenmaterial die Außenwandkonstruktion beplankt werden soll. Hierfür sind Holzspanplatten (Flachpreßspanplatten für das Bauwesen) und Bau-Furniersperrholzplatten (BFU) zugelassen. Ohne hier auf bauphysikalische und baubiologische Unterschiede eingehen zu können, empfiehlt der Autor, die teureren BFU-Platten für die Außenbeplankung und die Holzspanplatten für den Innenausbau (z. B. Fußboden für Trockenestrich oder Parkett) einzusetzen.
Anzumerken ist noch, daß im Holzrahmenbau abgelagertes (zwei Jahre) und vorgetrocknetes Holz (Bauschnittholz nach DIN 4074) zu verwenden ist; die Restholzfeuchte sollte maximal 18% betragen (Leimholzbinder: 8–12% Restholzfeuchte).

Im Vergleich zum Holz-Skelettbau aus brettschichtverleimtem Holz (Leimbinder)[5] ist der Holzrahmenbau die kostengünstigere Alternative, zumal die Kosten für Bauholz um 30–50% geringer sind als für Leimbinder (Beispiel: 1 cm^3 *gehobeltes* und *kernfreies* Bauschnittholz ca. DM 650 bis 750,–; 1 cm^3 Leimbinder ca. DM 1300,– bis 1400,–). Der Holzrahmenbau erreicht aber nicht (immer) die konstruktive Flexibilität, die mit Leimbindern aufgrund ihrer hohen Tragfähigkeit, Maßgenauigkeit und der damit verbundenen Verbindungstechnik (Balkenträger und Stabdübel) möglich ist.
In der Holzhausbaupraxis haben sich deshalb bereits Mischformen bewährt, bei denen Leimbinder nicht nur wegen ihrer hohen Tragfähigkeit, sondern auch als gestaltendes Element eingesetzt wurden.
Künftigen Bauherren ist deshalb zu empfehlen, ihr geplantes Holzhaus sowohl nach der Holzrahmenbauweise als auch nach der Skelett-Bauweise kalkulieren zu lassen, um danach eine Kombination zu finden, die nicht nur dem geplanten Kostenrahmen entspricht, sondern auch die Gestaltungswünsche erfüllt.

[5] Dieser Vergleich gilt nicht für Holz-Skelettbauten aus Vollholz (Bauschnittholz).

251 Bei Holzhäusern sind der Phantasie keine Grenzen gesetzt . . .

252 Das komplette Holzhaus-Ensemble von Süden: Wohnhaus, Kinder- und Gästehaus (mit Wintergarten) und Bürohaus (von links)

Die Wärmeschutzverordnung und das Niedrig-Energie-Haus aus Holz

Um es gleich vorwegzunehmen: Die Wärmeschutzverordnung (WSVO vom 1. 1. 95) definiert nicht das Niedrig-Energie-Haus; sie präzisiert den maximal zulässigen »Jahresheizwärmebedarf« in Kilowattstunde je Quadratmeter Wohnfläche und Jahr (kWh/m^2 · a) eines neu zu errichtenden Hauses und überläßt es den Bauherren, Architkten und Handwerksmeistern, wie diese Zielvorgabe erreicht wird, die allerdings in Form eines »Wärmebedarfsausweises« nachzuweisen ist. Da der Jahresheizwärmebedarf in der WSVO – je nach Nutzfläche und Bauwerksvolumen – gestaffelt ist, variiert diese Zielvorgabe zwischen 54,0 und 100,0 kWh/m^2 und Jahr; innerhalb dieser maximal zulässigen Werte definiert sich das »Niedrig-Energie-Haus«.
In der Literatur wird der Jahresheizwärmebedarf für ein Niedrig-Energie-Haus zwischen 30 und 70 kWh/m^2 angegeben. Das entspräche etwa einem Verbrauch von drei bis sieben Liter Heizöl bzw. Kubikmeter Erdgas je m^2 Wohnfläche und Jahr. Anderen Quellen zufolge wird der Jahresenergieverbrauch für ein Niedrig-Energie-Haus auf 40 bis 60 kWh/m^2 definiert. Doch zurück zum Anliegen und Verständnis der Wärmeschutzverordnung, die anhand einer Grafik erklärt wird (s. links).
In erster Linie geht es darum, Häuser (Gebäude) »wärmedämmend« so zu bauen, daß möglichst wenig Energie fossiler Brennstoffe eingesetzt wird.
Die WSVO ist aber nicht nur ein »Energiesparprogramm«, sondern auch der Versuch, die mit der Verbrennung von Heizöl und Gas verbundenen, klimaverändernden Kohlendioxyd-Emissionen (CO_2) zu reduzieren, weshalb ein »zulässiger Jahresheizwärmebedarf« für *Neubauten* (!) definiert wurde.
Welche baulichen Wärmeschutzanforderungen wurden nun im einzelnen »gesetzlich« formuliert:

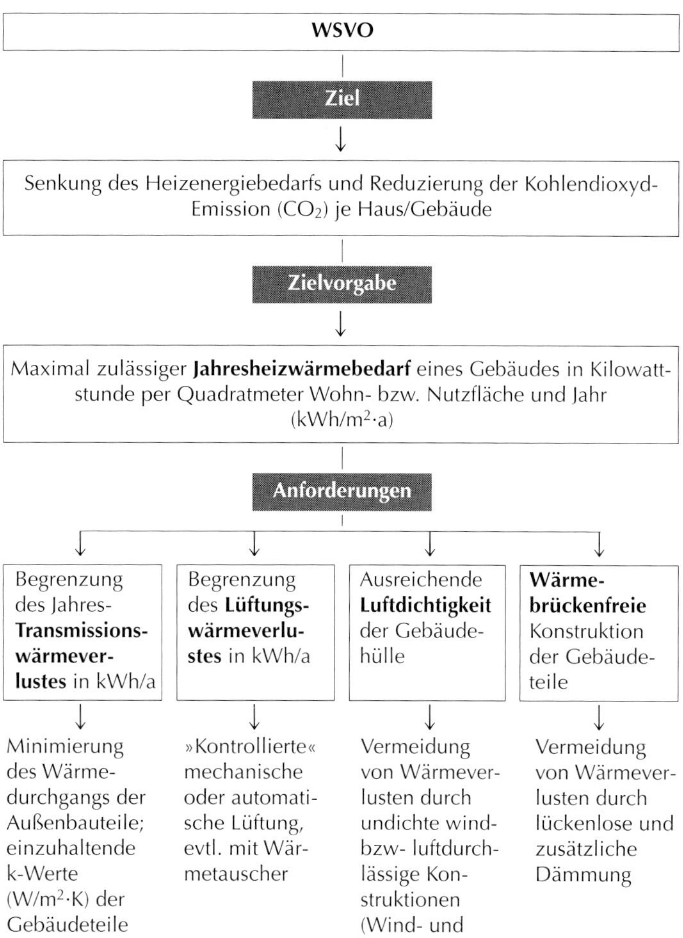

Begrenzung des Jahres-Transmissionswärmeverlustes

Jedes beheizte Haus gibt einen Teil der von der Heizungsanlage erzeugten Wärme durch Wärmeleitung der in den Gebäudeteilen verwendeten Materialien für Außenwände, Dächer, Keller, Fenster an die kältere Außenluft oder kälteres Erdreich ab. Um diese »Transmissionswärmeverluste« der Gebäudeteile möglichst gering zu halten, werden Baustoffe mit geringer Wärmeleitfähigkeit verwendet. Der Gesetzgeber spricht hier von Wärmestandards für die einzelnen Gebäudeteile, die als »k-Werte« bzw. »Wärmedurchgangskoeffizienten« bezeichnet werden.
Dieser »k-Wert« beschreibt den Wärmedurchgang durch ein Außenbauteil in Watt je m^2 Fläche und je 1 Grad Temperaturunterschied (K) zwischen innen und außen (W/m^2 K). Der »k-Wert« ist also eine errechenbare Bezugsgröße für die wärmetechnische Beurteilung einer Hauskonstruktion. Je kleiner dieser Wert, desto besser ist der Wärmeschutz.
Die WSVO schreibt deshalb vor, welche Wärmedurchgangs-Koeffizienten je Gebäudeteil maximal einzuhalten sind. Da sich diese Standards von denen eines Niedrig-Energie-Hauses unterscheiden, wollen wir beide miteinander vergleichen:

Wärmedämmstandards (WSVO und NEH) in W/m^2 K

k-Werte WSVO	Bauteile	k-Werte NEH
1,40–2,20	Fenster	1,50
0,40–0,60	Außenwände	0,20
0,20–0,40	Dächer	0,15
0,35–0,60	Keller	0,30

Dazu ein erklärendes Beispiel: Im Kapitel IV., Seite 141, ist der Außenwandaufbau in den Zeichnungen 42a, 42b und 43 skizziert. Am Beispiel der Zeichnung 42b wollen wir die unterschiedlichen k-Werte präzisieren:
Die Ständerkonstruktion, die mit 160 mm dicker Dämmung ausgefacht wurde, ist innen mit einer sogenannten Vorsatzschale versehen worden (Unterkonstruktion für die Gipskartonplatten und Montagefläche für Installationsleitungen), die nicht mit Dämmstoffen versehen wurde. Der hierfür errechnete k-Wert beträgt 0,22 W/m^2 K und liegt damit zwar unterhalb der WSVO, aber noch nicht im Bereich eines Niedrig-Energie-Hauses. Würde man diese »Luftschicht« mit 60 mm starker Dämmung versehen, ergäbe sich ein k-Wert von 0,17 W/m^2 K! Hinzu kommt, daß damit auch »Wärmebrükken« vermieden würden; aber dazu später.
Interessant ist aber auch, daß eine Massivbauwand (Klinker, Kerndämmung, Kalksandstein) doppelt so dick sein müßte, um diesen k-Wert zu erreichen.

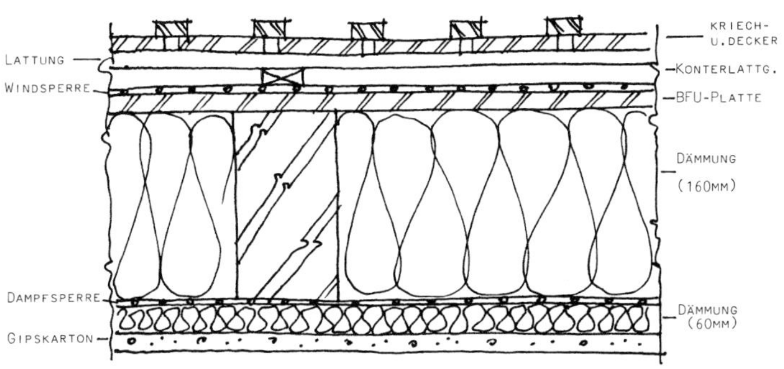

Zeichnung 47: Beispiel für »k-Werte« mit (0,17 W/m^2 K) und ohne (0,22 W/m^2 K) Zusatzdämmung

Die verschiedenen Wanddicken resultieren aus den unterschiedlichen »Wärmeleitfähigkeiten« der Baustoffe. So hat beispielsweise ein Vollziegel eine Wärmeleitfähigkeit von 0,50 W/(mK), ein Gasbeton-Planstein einen Wert von 0,15 W/(mK), Holz (Kiefer, Fichte, Tanne) 0,13 W/(mK) und Wärmedämmstoffe (z. B. Mineralfaser, Zellulose) eine Wärmeleitfähigkeit von nur 0,040 W/(mK). Auch hier gilt: Je kleiner der Zahlenwert, um so besser der Wärmeschutz!
Wer im Holzhausbau einen k-Wert von 0,20 W/m^2 K für die Außenwand erreichen will, sollte eine Dämmstärke von 18–20 cm vorsehen, vorausgesetzt, das Dämm-Material entspricht der Wärmeleitfähigkeits-Gruppe 0,040 W/(mK).

Begrenzung des Jahres-Lüftungswärmeverlustes

Neben den »Transmissionswärmeverlusten« wird beheizten Räumen kostbare Wärme durch Lüftung entzogen, also warme Raumluft gegen kalte (frische) Luft ausgetauscht. Dieser lebensnotwendige, auch hygienisch erforderliche Luftaustausch sollte aber nicht über Undichtigkeiten in den Bauteilen (siehe: Luftdichtigkeit) erfolgen, sondern über eine »kontrollierte« Lüftung geregelt werden.

Da die kontrollierte Wohnungslüftung eine sehr wichtige Ergänzung zur Wärmedämmung eines Niedrig-Energie-Hauses darstellt, sei allen Bauwilligen empfohlen, die Lüftungswärmeverluste durch Einbau von Zuluft- und Abluftsystemen auf ein Minimum zu reduzieren. Dabei sollte nicht vergessen werden, daß die Raumluft nach zwei Stunden durch Außenluft erneuert werden sollte, um Schadstoffe wie Kohlendioxyd, Geruchsstoffe (Küche, Bad) und Wasserdampf (Kochen, Duschen, Atmung) an die Außenluft abzuführen.

Luftdichtigkeit der Gebäudehülle

In der Informationsschrift »Niedrig-Energie-Haus« des Bundeslandes Hamburg heißt es zu diesem Sachverhalt: »Viele Architekten und Hausbesitzer haben die Erfahrung machen müssen, daß trotz guter Wärmedämmung der Außenbauteile die erhofften bzw. rechnerisch ermittelten Energieeinsparungen nicht in vollem Umfang realisiert werden können. In vielen Fällen sind undichte, d. h. wind- und luftdurchlässige Konstruktionen der Grund.«
Das heißt konkret, daß durch (von Handwerkern verursachte Undichtigkeiten in der Konstruktion (Dämmung und Dampf-/Windsperre) während der Heizperiode kalte Außenluft unkontrolliert ins Haus eindringen bzw. warme, feuchte Innenluft aus den Räumen ausströmen kann. Beides verursacht hohe Wärmeverluste, wobei letzteres zu Tauwasserschäden in der Holzkonstruktion führen kann.
Um diese Wärmeverluste, die höher als die Transmissionswärmeverluste sein können, zu vermeiden, achten Architekten und Bauherren auf eine handwerklich solide Ausführung aller Arbeiten, die mit einer dichten Gebäudehülle verbunden sind. Dazu gehören sorgfältiges (luftdichtes) Überlappen und Verkleben der äußeren Windsperren (siehe Abb. 180, S. 115) und der raumseitigen Dampfsperrfolien oder -pappen (Abb. 175, S. 112), weshalb die Verarbeitungs- bzw. Verlegehinweise der Hersteller unbedingt eingehalten werden sollten, um sicherzustellen, daß die kompakt und fugenfrei verlegte (oder eingesprühte Dämmung) von außen durch die Winddichtung und von innen durch die ebenfalls winddichte Dampfsperre geschützt wird.
Gerade beim Verlegen/Montieren der raumseitigen Dampfsperre der Außenwände (auch für die Innenwände von Küche und Bad zu empfehlen) ist auf die zahlreichen Abdichtungspunkte zu achten (Kabeldurchführungen, Unterputzdosen, Heizkörperaufhängungen, Lüftungsdurchbrüche etc.), die winddicht auszuführen sind. Erfahrene Praktiker empfehlen im Niedrig-Energie-Holzhausbau folgende Lösung:
Vor die gedämmte Außenwand wird die raumseitige Dampfsperre nach den Verlegehinweisen der Hersteller verlegt (überlappend tackern und verkleben!). Auf die Ständerkonstruktion (und Dampfsperre) wird dann die Unterkonstruktion für eine »Innenschale« (Dachlatten 4 × 6 cm oder vergleichbare Stahlblechprofile; siehe Abb. 244–247, S. 150, 151) montiert, um diesen vier oder sechs Zentimeter breiten

Zwischenraum als »Installationshohlraum« zu nutzen, ohne die die Wärmedämmung und Holzkonstruktion schützende Dampfsperre zu durchstoßen. Gleichzeitig sollte der Installationshohlraum zusätzlich gedämmt werden, um den Wärmeschutz (siehe Zeichnung 47) zu verbessern.
In den Zeichnungen 48 und 49 wird noch einmal deutlich, warum der Installationshohlraum mindestens vier Zentimeter betragen sollte (Quelle: Holzsysteme im Wohnungsbau; hrsg. vom Wirtschaftsministerium Baden-Württemberg 1995).
Für Niedrig-Energie-Häuser, die als solche anerkannt werden sollen, um finanzielle Zuschüsse zu erhalten, ist eine »Winddichtigkeits-Prüfung« der Gebäudehülle vor Abschluß des Innenausbaus durchzuführen (autorisierte Firmen über die Handwerkskammer oder Bau- bzw. Umweltbehörde erfragen). Wird ein zu hoher Luftwechsel gemessen, ist die Luftdichtigkeit durch nachträgliche Dichtungsmaßnahmen zu erhöhen.

Wärmebrückenfreie Konstruktion

Wärmebrücken entstehen immer dann, wenn der geplante Wärmedurchgangs-Koeffizient durch unsachgemäße Baumaßnahmen überschritten wird, so daß ein verstärkter Wärmeabfluß (Wärmeverlust/niedrigere Oberflächentemperatur) die Folge ist, der auch zu feuchtigkeitsbedingten Bauschäden (Tauwasserausfall und Schimmelpilzbildung) führen kann.
Wärmebrückenfreie Konstruktion heißt, daß die Wärmedämmschichten zwischen Dach, Dachgeschoßdecke und Außenwand lückenlos ineinander übergehen, in Rolladenkästen keine kalte Außenluft eindringen kann (gedämmte Kastenwandung!) und die Fensterrahmen umlaufend gedämmt sind.
Wärmebrückenfreie Konstruktion heißt aber auch – und das gilt insbesondere für Holzhäuser –, daß die Holzbauteile der Außenwandkonstruktion (Schwelle, Ständer, Rähm), deren Gefache mit Dämm-Material versehen wurden, raumseitig mit einer zusätzlichen Isolierung (Installationshohlraum) versehen wird, um die dreifach höhere Wärmeleitfähigkeit des Holzes (0,13 W/m K) gegenüber der Wärmedämmung (0,040 W/m K) zu reduzieren (s. Zeichnungen 47 bis 49).

Berechnung des Jahresheizwärmebedarfs

Am Anfang dieses Kapitels wurde bereits darauf hingewiesen, daß die Wärmeschutzverordnung einen maximalen Jahresheizwärmebedarf vorschreibt, dessen Einhaltung durch einen »Wärmebedarfsausweis« (nach § 12 der WSVO) nachzuweisen ist, wobei die »Wind- und Luftdichtigkeitsprüfung« eine wichtige Ergänzung darstellt.
Vorausgesetzt, das Niedrig-Energie-Haus aus Holz wurde nach den Anforderungen des baulichen Wärmeschutzes gebaut, wird der Jahresheizwärmebedarf in Kilowattstunden pro Jahr (kWh/a) nach folgender Gleichung ermittelt:

Jahresheizwärmebedarf (Q_H) in kWh/a = Transmissionswärmebedarf (Q_T) in kWh/a + Lüftungswärmebedarf (Q_L) in kWh/a ./. (Solare Wärmegewinne (Q_S) in kWh/a + Interne Wärmegewinne (Q_I) in kWh/a)

Dabei ist noch ein »Teilbeheizungsfaktor« (0,9) für den Transmissions- und Lüftungswärmebedarf zu berücksichtigen, da das Haus und die Räume jahreszeitlich unterschiedlich beheizt werden. Interessant ist aber, daß bei dieser Berechnung Wärmegewinne durch Sonneneinstrahlung (und Solarheizungen) und durch wärmeproduzierende Aggregate im Haus berücksichtigt werden. Die Formel lautet also:

Jahresheizwärmebedarf (Q_H) =
$0{,}9\,(Q_T + Q_L) - (Q_S + Q_I)$ in kWh/a

Dividiert man diese »Jahresenergiemenge« durch die Wohnfläche (m^2), ergibt sich der Jahresheizwärmebedarf je Quadratmeter, also Kilowattstunde pro Quadratmeter und Jahr ($kWh/m^2 \cdot a$).

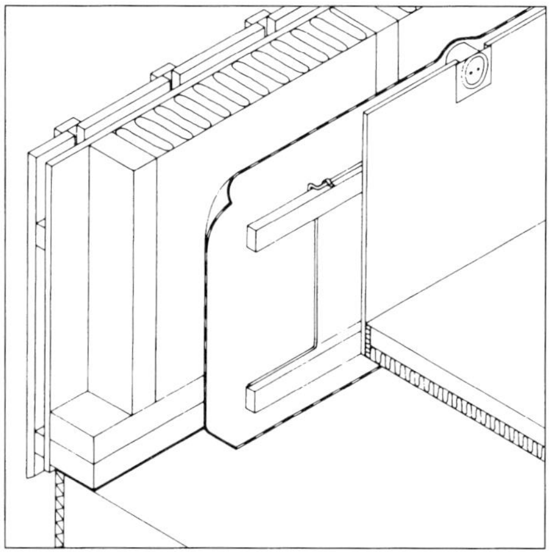

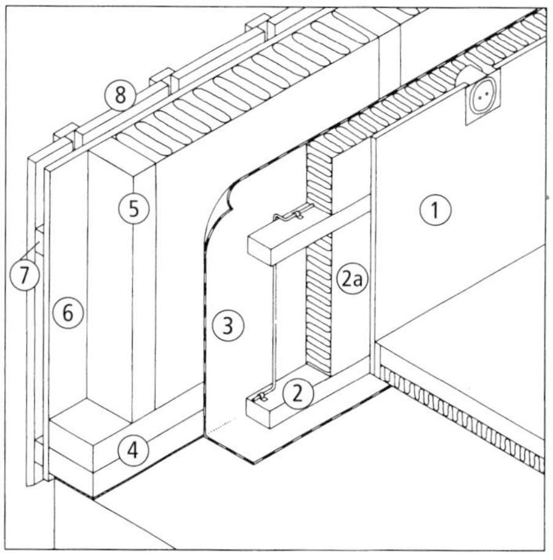

Zeichnung 48: Aufgrund zu schmaler Aufdoppelung drückt die Hohlraumdose gegen die Dampfsperre (Hohlraum nicht gedämmt)

Zeichnung 49: Bei 4–6 cm breitem Hohlraum stößt die Hohlraumdose nicht gegen die Dampfsperre.

1 Innenbeplankung
2 Unterkonstruktion für Installationsschale
2a Zusatzdämmung
3 Dampfsperre
4 Schwelle
5 Ständer
6 Aussteifende Holzwerkstoffplatte
7 Lattung für Außenbeplankung
8 Kriech- und Deckerschalung

Checkliste für die technische Detailplanung*

Höhen

Fußbodenaufbauten Höhen	
– Estrich EG	cm
– Balkenlage OG	cm
lichte Durchgangshöhen	
– Erdgeschoß (Maß)	m
– Obergeschoß (Maß)	m
– Fußpfetten Anbauten (Maß v. OK FF)	m

Dachtragwerk

Dachform	
Dachneigungen einzelner Dachflächen	
– Hauptdach	
– ggf. Anbau(ten)	
– ggf. Gaube(n)	

Bedachungsarten

– Eigengewicht Dachhaut	kN/m^2
– Ausbaueigengewichte / Unterdecken	kN/m^2
– Schalung auf Sparren vorhanden	j/n
– Art der Dämmung: Aufsparrendämmung	j/n
– ggf. spez. Sparrenhöhe b. Zwischendämmung	cm
– Aufbauhöhe Dachhaut bei Anbauten	cm

Dachüberstände/Sparrenkopfausbildungen

Längsfronten Hauptdach	
– Dachüberstand von AK Systemstützen	m
– Art des Traufabschnittes	
– Lot/Waageschnitt (Kopfmaß)	cm
– Winkelschnitt	j/n
Giebelseiten Hauptdach	
– ohne DÜ; spez. Breite Ortgangsparren	cm
– Pfettenüberstand (Maß v. AK Stütze)	m
– Dachüberstand m. Dachlatten realisiert	j/n
Traufen Anbauten	
– Dachüberstand von AK Systemstützen	m
– Art des Traufabschnittes	
– Lot/Waageschnitt (Kopfmaß)	cm
– Winkelschnitt	j/n
Traufen Gaube(n)	
– Dachüberstand von AK Pfette (Seite)	m
– Art des Traufabschnittes	
– Lot/Waageschnitt (Kopfmaß)	cm
– Winkelschnitt	j/n
– Dachüberstand Ortgang	m
Sparrenabstände evtl. außerhalb d. Rasters	m
Sparrenabstände Anbauten/ggf. Gaube	m
– Schiftungsart	
spezielle Randbohlen vorgesehen (Querschn.)	cm

Außenwände

Wandstärken	
– Haupthaus	
– Anbauten	
ggf. Schornsteine berücksichtigen	j/n
Art der Außenhaut mit mögl. Eigengewichten	kN/m
– Verklinkerung/Beplankung	
ggf. Fälzungen an Stützen	j/n
müssen Eckstützen abgefangen werden	j/n

Verbände

Druckstreben bzw. Druck/Zugstreben	
– Zugverbindung mit beids. Lochblechen	j/n
Verbände aus Stahl	j/n
ausreichend Verbandsfelder Diagonalstreben vorhanden	j/n

Schwellen

Lage der Schwellen auf dem Fundament	
– bündig AK Fund.	j/n
– eingerückt von AK Fund. (Maß)	m
Schwellenhöhen (Querschnitt)	
Verankerungsart Dübel/Winkel	
Schwelle durchgehend an Türöffnungen	j/n
Stützenfüße bei Laubengängen	

Fenster/Türen

Fensterriegel (Querschnitte)	cm
– Maß von OK FF	m
– lichtes Fenstermaß (vert.)	m
Rolläden vorgesehen	j/n
oberer Türriegel = o. Fensterriegel:	j/n
– lichtes Türmaß (vert.)	m

* Mit freundlicher Genehmigung der Fa. HANSEN & DETLEFSEN, Holzleimbau, Husum

Literatur

Bund Deutscher Zimmermeister (Hrsg.), *Holzrahmenbau*, Karlsruhe 1985
Canada Mortgage and Housing Corporation, *Canadian Wood-Frame House Construction*, Toronto 1982
Klaus Fritzen u. a., *Holzrahmenbau Praxis*, Karlsruhe 1990
Bernd Grützmacher, *Holzhäuser selber bauen und montieren*, München 1993
Franz Krämer, *Grundwissen des Zimmerers*, Karlsruhe 1991
Wilfried Lewitzki, *Wohnhäuser aus Holz*, München 1991
Hans Nestle, *Bautechnik* (Grundstufe), Haan-Gruiten 1982
Hans Nestle, *Bautechnik* (Hochbau), Haan-Gruiten 1991
Holger Reiners, *Einfamilienhäuser aus Holz*, München 1993
Klaus Zickenheimer und Schwiethard Nehmelmann, *Technologie für Zimmerer*, Hannover 1985

Außerdem sind folgende Informationsschriften zu empfehlen:

Informationsdienst Holz, eine Schriftenreihe der Arbeitsgemeinschaft Holz e. V. (Hrsg.), Düsseldorf, zu den Themen:
Holzrahmenbau
Skelettbau (Heft 1 und 2)
Holzleimbau
Außenbekleidungen aus Holz
Holzbauteile in Naßbereichen
Dielenfußböden
Baulicher Holzschutz
Verbindungsmittel
Feuerhemmende Holzbauteile
Schallschutz mit Holzbalkendecken

Literatur zur Wärmeschutzverordnung

Merkblatt für die Gewährung von Zuschüssen zum Bau von Niedrig-Energie-Häusern, hrsg. von der Freien und Hansestadt Hamburg, Umweltbehörde, 1996
Wärmeschutzverordnung (WSVO, 1. 1. 1995), hrsg. von der Freien und Hansestadt Hamburg, Baubehörde, 1995
Allgemeine Verwaltungsvorschrift zu § 12 der Wärmeschutzverordnung (Wärmebedarfsausweis) vom 20. 12. 1994, hrsg. vom Bundesministerium für Raumordnung, Bauwesen und Städtebau
Niedrig-Energie-Haus, Informationsbroschüre der Freien und Hansestadt Hamburg, Umweltbehörde, 1990
Handbuch Niedrig-Energie-Haus, hrsg. von der Hauptberatungsstelle für Elektrizitätsanwendung e. V., Frankfurt 1995

Hersteller von Baumaterialien, die in diesem Buch erwähnt oder deren Montage beschrieben wurde

Leimbinder (Brettschichtholz)
Hansen & Detlefsen, Husum (weitere Hersteller bei der Arbeitsgemeinschaft Holz e. V., Düsseldorf erfragen)

Verbindungsmittel
BMF Baubeschläge GmbH, Flensburg (Bielefeld, Willstätt, Bernau)

Metallständerwände u. Kantenprofile
Profil-Vertrieb GmbH, Gaggenau (Produkt: *Protector*)
Gebr. Knauf Westdeutsche Gipswerke, Iphofen
Rigips GmbH, Düsseldorf

Trockenestrichelemente
Gebr. Knauf (s. o.)
Rigips (s. o.)
Felswerke GmbH *(Fermacell)*, Goslar

Ausgleichsschüttung: Meha Dämmstoff GmbH *(Mehabit)*, Schifferstadt

Dämmung/Isolierung
Grünzweig + Hartmann (Mineralwolledämmung *Isover*), Ludwigshafen am Rhein
Rockwool GmbH

Ökologische Bautechnik Hirschhagen GmbH (Dämmwolle aus Zellulose *Isofloc* und Unterdachplatten *Celit 4 D*), Hessisch-Lichtenau

Bildnachweis

Alle Fotos stammen von Bernd Grützmacher. Dirk Lorenzen lieferte die Abbildungen 152, 157–164, 167, 169–174, 179–183 und 187, Peter König die Abbildungen 251 und 252.

Dank

Wir bedanken uns bei den Bauherren und folgenden Architekten sehr herzlich für ihre freundliche Unterstützung:

Haus 1 (»Einfamilienhaus«):
Ingenieurbüro für das Bauwesen
Dipl.-Ing. Wolfgang Blum und Volker Böhn
Königsberger Weg 1
23795 Bad Segeberg

Skanbo Hausbau Klitholm GmbH
Rehweg 13
24576 Weddelbrook

Haus 2 (»Niedrig-Energie-Haus«):
Dipl.-Ing. Jörg Hülf & Claus Holst
Arnold-Heise-Straße 10
20249 Hamburg

Haus 3 (»Holzrahmenbauweise«):
Dirk Lorenzen, Sörup

Haus 4 (»Holzhaus-Ensemble«):
Dipl.-Ing. Architekt Peter König
Schillerstr. 45
31542 Bad Nenndorf

Impressum

Genehmigte Lizenzausgabe
für Weltbild Verlag GmbH, Augsburg 2000

Einbandgestaltung:
Georg Lehmacher, Friedberg (Bay.)
Umschlagmotive:
vorn: ZEFA, Düsseldorf (Hauptmotiv), Bernd Grützmacher (oben links und oben Mitte);
hinten: Bernd Grützmacher
Gesamtherstellung:
Druckerei Appl, Wemding
Printed in Germany
ISBN 3-8289-2349-6